언론연구소가 펼치는 평범하지만 특별한 내가 되는 이야기

아이큐 77의 작은 행복

You've got to be Yourself

CJI 한국언론연구소

언론논술신서 2
아이큐 **77**의 작은 행복

2006년 11월 발행
2006년 11월 1쇄
지은이 이윤영
펴낸이 이윤영
펴낸곳 CJI 한국언론연구소
디자인 문자현

주소 400-102 인천광역시 중구 신흥2가 37-19
전화 032-762-9983, FAX : 032-762-9983
등록일자 2005년 9월5일
등록 제 349-2005-7 호
ⓒ CJI 한국언론연구소, 2005
▌독자의 의견을 기다립니다.
www.cjinstitue.org
webmaster@cjinstitue.org

ISBN 89-957886-2-3
정가 9,000원

논술배경 □■ 사회노트

아이큐 77의 작은 행복

You've got to be Yourself

이윤영 | CJI 한국언론연구소 소장 지음

문지훈 ⓒ 2006

ⒸJI 한국언론연구소

머리말

■□■□

아이큐가
조금만 더 높았더라면...

"당신은 아이큐가 높은가요?"

"아이큐가 조금만 더 높았더라면 이렇게는 안 살죠."

"머리보다 몸으로 일하는 것을 천하게 보는 것 같네요, 세상은."

"이 세상의 가치기준은 머리쓰기를 좋아하는 사람들이 만든 것 아닌가요?"

지능지수(Intelligence Quotient) '아이큐' 라는 것은 아무래도 무시할 수 없는 것 같아요. 특히 산업사회에서 아이큐는 곧 대학 진학, 사회적 출세, 돈벌기 능력으로 이어지는 듯합니다.

그래서인지 아이큐는 큰 관심거리이죠. 현재 자신의 능력과 노력도 중요하겠지만, 잠재력, 적응력이라 생각드는 아이큐는 자존심을 뛰어넘어 생존과 출세의 의미도 갖고 있습니다.

반면에 아이큐가 학업 능력의 잣대로 의미가 있겠냐 라는 의문도 무성합니다. 애시당초 아이큐 테스트는 정신박약아를 검출하기 위한 거였고, 지금은 암기력 이해력 등으로 고려되는 아이큐가 '클릭만으로도 작동되는 컴퓨터시대에 뭐 중요하겠냐.' 라는 말일 거예요.

이에 따라 등장한 말이 감성지수(EQ)가 있어요. 골맨의 저서 『정서면에서의 감성(Emotional Intelligence)』에서 나온 말인 감성지수는 자신과 다른 사람의 감정을 이해하고 삶을 풍요롭게 하는 방향으로 감정을 통제할 줄 아는 능력이라고 합니다.

현대사회에서는 이 감성지수가 아이큐 보다 더 요구되는 능력일 거예요. 그래도 아이큐가 다른 이들보다 높으면 괜스레 기분은 좋고, 밥은 안 굶을 것 같아요. 누구나 이를 경험할 겁니다. 아마도 정신에만 국한된 노동을 성공했다고 보는 생각들이 우리 사회에 가득 차 있어서 그런 것 같아요.

　　그런데 어느 날 아이큐가 낮아 고생하는 이가 귓속말로 "쉬운 인생만은 아니에요. 사랑하는 것도 무섭고, 머리쓰기 싫고 몸을 움직여 일하고 싶네요."라고 넌지시 전해 주더군요. 이 말들은 오늘을 사는 우리로서는 한번쯤 같이 느끼고 함께 생각해 봄직한 이야기가 아닐까 싶습니다.

　　그는 부끄러워하면서 자신의 아이큐가 77이라고 밝히더라고요. 그러나 아이큐가 낮아도 영어 공부는 꾸준히 노력하면 되더라고 밝은 미소를 짓습니다.

　　그는 이렇게 말합니다. "학창시절 아이큐가 반에서 꼴지에서 두

번째. 마음이 아팠고 이 세상을 어떻게 살지 고민부터 앞섰습니다. 이런 일도 있었어요. 어느 날 선생님이 저에게 쌀을 한 줌 싸주시더니 부모님께 가져다 드리라고 하시더군요. 다른 사람에게 보인 내 모습은 영락없는 '불쌍함'이었던 겁니다. 한마디로 나는 다른 사람들에게는 관찰의 대상이었고, 결국은 불쌍한 존재였어요. 그래도 나에게는 나름대로 작은 행복이 있답니다."

"작은 행복은 사회적 성공이냐고요?"

"아직도 당신은 깨닫지 못했나요? 좀 더 큰 만족과 보상을 위해 지금을 견디라고요? 몸보다는 머리써서 일하는 사회적 성공은 언론인과 의사, 판검사인 소수 엘리트들이 만들어 놓은 환상일 수 있어요. 그렇지 않나요? 성공은 사회구조적으로 소수만이 이루게 되어있는 것 아닌가요."

"나는 그래도 작은 행복이 있답니다. 뭐냐고요?"

한국언론연구소는 이 사람에게서 느껴지는 우울함, 외로움, 그리고 자신감 상실이 육체노동의 가치보다는 정신노동의 가치를 더 강조하는 세태로 인한 것은 아닌가 싶어 함께 위로하고 나누고 싶어졌습니다. 그의 세상 사는 느낌을 고스란히 이 책에 옮겨 놓고 싶어진 것이죠. 그를 주인공으로 해서 써 내려가고 그의 이름을 '고칠' 이라고 친근감있게 부르고 싶어진 겁니다. 그는 편안하게 인터뷰에 응했고, 이렇게 그의 삶이 활자로 적혀 전해 드리게 됐습니다.

논술과 사회공부를 위해서도ㅡ

그리고 한국언론연구소는 평생교육을 지향하다보니 학습적인 부분을 신경쓰지 않을 수가 없었어요. 따라서 이 책에는 대학 입시공부 및 학습 기초마련을 위해 지금 이 순간에도 열심히 공부하고 있는 초중고 학생들을 위해 논술배경 지식과 사회학습에 도움이 되도록 엮은 흔적을 보이고 싶어졌습니다.

논술분야와 사회분야는 사실 범위가 무척 넓어요. 언론을 포함해 윤리 정치 경제 사회 문화 문학 예술분야 등 너무 넓어 세기조차 어렵습니다. 그래도 이 분야를 한 눈에 볼 수 있도록 고칠이의 이야기를 통해 전개해 나갔습니다.

이 책을 통해 조금이나마 정신노동 만큼 육체노동이 이 세상에서는 중요한 가치가 있음을 깨닫기 소망합니다.

고칠이의 마음을 조금이나마 이해할 수 있는 일반인에게도 이 책을 전해 드리고 싶습니다.

2006년 11월
CJI 한국언론연구소 소장 이윤영

Brief 프롤로그

■□■□

오늘은 '인간은 희망이 있는 존재일까'라는
생각을 많이 한 날입니다.

믿었던 사람이 배신하는 일은 일상속에서 항시 경험하는 것이고,
서로를 이해못해 싸움만 일어나는 게 다반사입니다.

자신 밑에 남을 두고 싶어서 안달이고,
하고 싶은 일이 뜻대로 안 되고 돈이 안 되면,
인간관계를 단절하기도 하죠.

꼭 그렇다고 기쁜 일이 없는 건 아닙니다.
돈보다는 인간관계를 더 소중하게 여기고,
출세를 위하기 보다는 사람을 아끼는 진풍경도 있기 때문입니다.

그러나 현재의 고용체계나, 생산체계는
결국 사람다운 삶을 보장할 수는 없습니다.
자신이 살려면 남을 이겨야 하고, 배신도 해야 하며,

적지 않은 충격적인 말들을 주변 친구들에게 해야 하는 것입니다.

요즘 살만한 사업체(법인)는 많지 않다고 해요.

그러다 보니, 개인이든 법인이든 살아남기 위해서는

열심히 함께 일해 왔던 동료들을 배신해야 하며, 버려야 하는 것

입니다.

인간은 과연 희망있는 존재일까요.

본인 스스로도 이 문제에 대해 그럴듯한 말로

포장할 수 없을 정도로 많이 고민해 왔지만, 우울해졌습니다.

회의와 허무가 밀려오고, 정말 이 세상에는 친구가 있을까 하는

생각조차 듭니다.

해답은 있을까요.

직선적인 사고들을 한다는 의미의 대중들은

서로를 반목하고, 심지어 증오도 하지만,

무엇때문에 우리가 그러는 걸까 생각해 보면,

고용구조, 생산체계의 문제, 또한 이에 따른 법의 구조에 대한

새로운 답변이 필요하다는 게 하나의 물꼬일 수는 있습니다.

그러나 속시원한 해답은 아니겠죠.

오늘도 자살충동은 있어도,

내일은 다시 좋은 일이 있겠지 하는 많은 상념들을

믿어도 되는 걸까요.

사회철학자 헤르베르트 마르쿠제가 말했던

지금과는 다른 '인간의 새로운 감성'을 요청하고 싶어집니다.

남의 성공을 부러워하기 보다는 자신의 모습을 더 많이 고민해 왔던

아이큐 77의 고칠이와 이 세상을 함께 생각해 봐요.

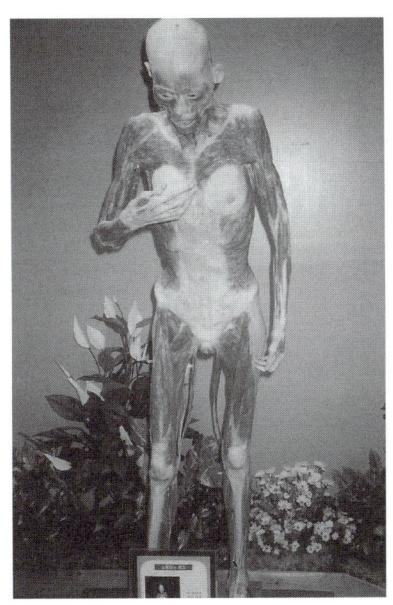

Contents

■□■□

An Infant Model, Min-young, Lee © 2006

1부

순수함의 극치

한 중년남자가 뭔가 말하고 싶은 게 있는지 한국언론연구소를 찾아왔다. 그는 얼굴이 햇빛에 검게 그을렸지만, 못 생겨 보이지는 않았다. 연구소 소장인 나는 "제게 뭔가 하실 말씀이 있는 것 같군요." 라고 말하고, 그를 모서리가 약간 닳은 손님용 둥근 테이블에 앉게 하였다.

그는 머뭇거리더니 자신의 이름을 '고칠'이라고 불러주길 바랬다. 그리고 나서 호흡을 가다듬고는 나를 자신의 먼 추억으로 인도했다. 그는 술이 얼큰히 오른 노인처럼, 사회적 성공이나 실패 같은 말들은 입에 담지 않았다. 호기심에 이끌린 나는 그에게서 편안함을 즐기고 있다고나 할까.

귀신 볼 줄 아는
우리 엄마

민주적 도덕 공동체
토속신앙
성선설 성악설 성무선악설

■□■□

　　　　　　　　　　　경제성장률은 상승곡선을 타고 있지만, 서민경제는 끝모를 불황으로 허덕이던 시절, 고칠이는 갯벌이 많은 대한민국 항구도시 인천에서 엄마의 따스한 자궁을 힘껏 밀쳐내어 차디찬 세상 밖으로 나왔다. 태어난 동네는 빼곡히 들어선 판잣집, 까만 연기를 내뿜는 공장과 개천이 한 가운데에 턱하니 있는 곳이었다. 그러나 그건 잠시뿐이었다.

　　고칠이는 운이 좋았을까. 그는 태어난 집에서 50여 미터 떨어진 이층 양옥집과 예쁜 빌라들이 줄 서 있는 동화속 같은 마을로 이

사갔다. '잘 산다'는 동네에서 살게 된거다. 마법이 감도는 마을
이라고나 할까.

　고칠이 아빠는 월급이 하숙집 월세정도 나오는 신문사에서 좀
일하시다가 소위 당시 잘 나간다는 철강회사로 일터를 옮기셨다.
엄마는 교회에서 환자방문 등을 천직으로 여기며 봉사 활동을 하
셨다. 남보기에도 정신적으로나 물질적으로 넉넉한 가정이었다.
　아빠는 지금도 애써 입가의 주름을 피며 말씀 하시길, "박정희

정부 때는 기자가 힘이 셌지, 신문사에 있을 때 야구 등 모든 경기 관람은 공짜였거든." 하면서 너털웃음을 지으시곤 하신다.

'민주적 도덕 공동체' 라는 말은 참 어려운 말처럼 들리죠. 처음부터 왜 이리 어렵냐고요? 그런데 자세히 들여다 보면 그렇게 어렵지만은 않아요. 이 말은 '민주적, 도덕적, 공동체' 란 세 단어가 합성된 것입니다.

'민주' 는 국민이 주인되는 것이고, '도덕' 은 착한 일 하는 것이죠. 그리고 '공동체' 는 학교나 가정처럼 함께 어울려 사는 집단인 거예요.

간단히 말해, 개인과 집단이 남에게 억지로 강요당하기 보다는 자율성과 독자성이 보장되면서, 동시에 사회정의가 실현된 공동체, 혹은 집단 이라는 의미일 겁니다. 좋은 말은 다 갖췄죠.

대체로 이 공동체는 함께 사는 삶, 자유로운 삶, 인간다운 삶을 지향해요. 이 가운데 특히, 자유로운 삶을 위해 국가권력을 견제할 수 있는 경실련 참여연대 등의 시민사회단체가 등장했어요.

1960~70년대 박정희 정부를 지금에 와서 어떻게 해석해야 할지 기준과 잣대가 모호한 것은 사실입니다. 하지만 당시만해도 박정희 정부를 견제할 수 있는 시민단체와 같은 존재는 거의 없었다는 거예요.

시민단체에 대해서도 비판의 여지는 있어요. 시민단체는 아직 시민의 가입이 적은 편이라서 '시민이 없다.' 는 말도 하고 있고요. 친정부적이라는 말도 있거든요.

그럼에도 국가권력의 횡포를 견제할 수 있는 감시자 역할 등의 다양성을 인정하는 사회가 등장했다는 사실 하나만으로도 자유로운 질서를 마련케 되었다고 볼 수 있을 겁니다.

그런데 엄마는 누나를 갖게 되었을 때, 몸이 많이 아프셔서 병원에 다니셨다. 그리고 좀 몸이 나아질 듯 했을 때는 고칠이를 갖게 되었다.

누나와 고칠이는 나이가 네 살 터울이다. 누나는 초등학교 다니면서 육상선수로 활약했고, 동네 터줏대감 같은 이발사 아저씨가 당시 가장 빠른 전투기 이름인 "쌕쌕이"라고 별명을 붙일 정도로 빠르고 운동도 잘 했다. 친구들 하고도 잘 어울리고 붙임성도 있었다. 누나는 울고 들어오는 법이 없을 정도로 뭐든 경쟁하면, 로마 원형경기장의 무적 글래디에이터처럼 당당하게 이기고 집에 들어왔다.

하지만 고칠이는 달랐다. 항상 장난 꾸러기 모습을 보였고, 뭘 딱히 잘 하지는 못했다. 엄마가 애써 사준 큼직해 보이는 잠자리 채와 자전거는 망가뜨려 오기 십상이었다. 교회학교도 빼먹고, 동네 친구들과 싸우다가 울고 들어오는 때도 비일비재했다.

그때마다 엄마는 고칠이가 한심해 보이기도 하고 안쓰러워 보였는지, 가끔 매를 들으셨고 타이르는 횟수도 많아지셨다. 고칠이네 집에는 안방 위쪽에 쥐새끼 한 마리 정도 있을 법한 다락방이 있었는데, 참다 못해 폭발한 엄마가 빗자루를 들고 혼내려고 하면 고칠이는 무서워서 다락방으로 몸을 피하기 바빴다.

그래도 고칠이 집은 행복했고, 아빠도 가족을 위한 거라면 뭐든지 열심히 하셨다.

그런데 눈썹모양의 초승달이 어두운 길가를 불그스름하게 비추던 이른 밤이었던 것 같다. 잔뜩 겁에 질려 보이는 엄마가 가끔 고칠이에게 이런 말을 하곤 하셨다. "혹시 삿갓 쓴 어느 검은 할아버지가 부엌 옆으로 지나가지 않았니, 고칠아 한번 가보렴." 고칠이는 그래도 군인 졸병처럼 엄마 말은 잘 들었다. 고칠이는 항상 무섭게 대하고 혼내는 사람에게는 꼼짝없이 굴복했던 거다.

　고칠이는 엄마 말대로 가서 찾아보기 일쑤. 그런데 아무도 없어, '엄마가 약간 이상하네.' 라고 생각한 적이 가끔 있었다. 그때마다 엄마는 손가락을 허공에 초점없이 이리저리 가리키며, "가서 자세히 봐봐, 엄마말 좀 들어." 라고 다급해 하며 말씀하셨다.

　후에 안 얘기지만 "엄마는 귀신 볼 줄 아는 분" 이셨다. 엄마는 어렸을 때부터 귀신이 보이신 거는 아니었다. 결혼하고 나서 아빠가 특히 그럴듯한 수입이 없으셨고 아기도 없어서 고민을 많이 하셨다. 엄마는 우량아인 누나를 갖기 얼마 전부터 가끔 귀신이 흐릿하게 보였는데 '그냥 몸이 아파서 헛것을 보는 거겠지.' 하고 크게 걱정하지 않으셨다는 거다.

　그러다가 누나를 낳고 좀 시간이 흐르니깐, 옆에 동네 아줌마 아저씨 지나가는 것처럼 귀신이 너무 확연히 보였다는 것. 정말 소름끼치네.

게다가 실제로 엄마는 S성당 가톨릭 신부님과 함께 '어둠이 자욱한 공동묘지에 혼자 갔다가 귀신 씐 동네 아줌마'를 찾아가 푸다시, 말하자면 귀신을 쫓아내기도 한 적이 있다. 그 아줌마 막내 아들은 그걸 보고 영적인 세상에 대해 깊이 고민하더니, 지금은 로마에 유학가 있는 성직자가 됐다. 동네는 이 얘기로 소문이 파다했었다.

논술배경지식 ◆ 사회학습 coach

토속신앙

토속신앙은 하나의 전통윤리이지, 미신은 아니라고 봅니다. 토속신앙은 중국에서 건너온 유교 불교 도교와, 서구문화가 깃든 기독교(가톨릭)와는 달라요. 우리나라에 고유하게 전해 내려오는 신앙들입니다. 그 중에는 크게 샤머니즘, 토테미즘, 애니미즘 등이 있어요.

샤머니즘(Shamanism)은 주술사를 뜻하는 샤먼(shaman)이 인간의 행복과 평화를 지원해 주는 역할을 하게 됩니다. 즉, 무당이 신령이나 죽은 이의 영혼을 불러내어 길흉을 판단하거나 예언도 하게 되겠죠.

굿에서 무당이 산 사람과 귀신 간의 의사소통도 해 준다니, 좀 무섭죠. 이처럼 샤먼은 인간과 자연, 하늘의 뜻을 인간에게 알려주는 역할을 합니다.

토테미즘(Totemism)은 토템(totem)인 동식물이나 자연을 신성하게 여겨 종족의 상징이나 수호신으로 삼는 행위를 말해요. 토템과 인간의 여러 관계를 둘러싼 풍습 등이 제도화된 신앙입니다.

애니미즘(Animism)은 정령숭배라고 말하는데, 애니마(anima)는 영혼을 뜻하며, 산 나무 등 자연의 모든 사물에 영혼이 있다고 믿는 원시신앙인 거죠.

우리 조상들은 이 같은 토속신앙을 통해 자연과 하늘을 거스르려고 하지 않았고, 자연과 함께 어울리는 가운데 인간이 행복해 질 수 있다고 믿었던 겁니다.

아빠도 엄마가 약간은 이상하다고 생각하셨다. 그러나 엄마 집안에 서울대 교수, 육군대령 등 엘리트들이 많아서 거나 집안이 안정되지 않아서 그러겠지 하고 대수롭지 않게 여기셨다. 아빠는 싱긋 웃으며, "내가 열심히 돈을 버는 길 밖에는 없다."고 하시는 거다.

엄마는 내심 안 되겠다 싶었는지 신앙생활에 매달리셨고, 그 후 고칠이가 태어난 거였다. 그런데 활발하고 운동을 잘하는 누나도 가끔 엄마처럼 "누가 옆에서 보는 것 같다." 라는 말을 했다.

엄마 말로는 자신이 몸이 아프고 집안이 안정되지 않았을 때 누나를 가져서 그런가 보구나 하고, 조금은 걱정했지만 크게 생각하지 않고 잊으셨다.

엄마는 빨래하면서 누나랑 고칠이에게 구구단을 가르쳐주면, 누나는 구구단에 큰 관심을 보였고, 어떻게 해서든 잘 하려는 그 와중에도 "옆에 누구 못 봤어요?"라고 하면서 구구단 외에 혼자말로 중얼거리기도 했다.

고칠이는 구구단이든 뭐든 전혀 관심이 없었다. 그래도 엄마는 구구단 정도를 한 번 가르쳐 주면, 고칠이가 잘 따라는 하는데 좀 지나면 잘 잊어버려 안타깝다고 하시는 거다.

이렇게 그럭저럭 지나갔다. 엄마는 어느날 배가 남산처럼 불러 왔다. 아이작 뉴턴의 중력법칙도 엄마의 배를 당해내지 못한 듯해 보였다. 그리고 얼마지나지 않아 엄마는 고칠이가 네 살 때 아기를 낳으셨다. 고칠이 동생인 거다.

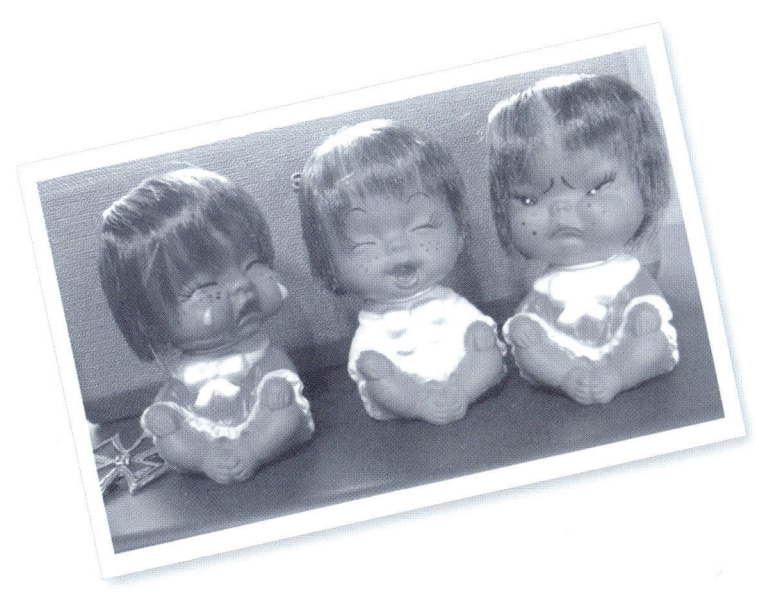

엄마는 당시 가난한 근로자나 몸이 아픈 사람을 보면 도와주고 싶을 정도로 유복했고 건강했다. 이 때에도 엄마는 귀신을 가끔 보셨다고 귀띔하신다. 근데 엄마는 둘째 고칠이를 갖기 전에는 왜 이리 몸이 아팠을까.

고칠이 엄마를 보면 **성무선악설**로 설명하는 게 가능할 듯 합니다. 성무선악설은 인간의 본성이 선천적으로 정해져 있는 것은 아니고 개인의 의지나 선택, 환경 등에 영향을 받는다는 거죠.

고칠이 엄마가 그래도 어느 정도 유복했기 때문에 가난하고 몸이 아픈 사람을 도와줄 수 있다는 겁니다. 이처럼 성무선악설은 인간의 본성이 아무것도 정해진 게 없어 백지설이라고 부르기도 합니다.

이밖에 성선설은 인간이 선천적으로 선하다고 보는 것을 말합니다. 인간은 원래 착하다는 거죠. 성악설은 인간의 본성이 태어날 때부터 악하기 때문에 교육 등을 통해 선한 행동을 가르쳐야 한다는 겁니다.

뭐가 옳은지는 정확하게 판단은 되지 않지만, 다양한 인간관을 설명하는 하나의 잣대일 듯 싶네요.

★정치에 적용★

유교사상가 공자와 맹자는 인간의 본성을 신뢰했기 때문에 백성의 의견을 따라야 하는 덕치를 주장했어요. 순자는 거꾸로 인간성을 철저히 불신하고 백성의 의견은 옳지 않아 통치자가 그들을 올바른 길로 인도해야 한다고 말한 바 있습니다.

이씨가 아니에요,
김고칠

절대적 윤리설, 상대적 윤리설
인간의 특성

■□■□

　　　　　　　　　고칠이는 엄마에게 무지막지하게
아침부터 혼났다. 학교 선생님한테 전화가 온 게 화근이었다. 고
칠이 담임선생님 왈, "고칠이 아빠의 성은 이씨인데, 자꾸 고칠이
가 자신의 이름이 '김고칠'이라고 우겨서 확인해 보려구요…."

　엄마는 이 말을 들으시고, "죄송해요. 고칠이가 장난끼가 좀 많
아서요, 호호."
　그러시더니 엄마는 전화를 확 끊으시고, 거실 구석에 있는 제법
커 보이는 빗자루를 들고 고칠이한테 달려오시는 거다.

고칠이 엉덩이는 어느새 빨갛게 피멍이 들었고, 저녁 때 아빠가 들어오시더니 고칠이 얘기를 들으셨는지, 아무 말도 안 하시고 한숨만 내쉬었다. 체념한 듯 엄마와 아빠는 조용히 안방에 들어가 문을 천천히 닫으셨다.

고칠이는 근데 내가 왜 혼났는지, 모르는 눈치다. "이고칠은 이름이 좀 이상하고 김고칠이라는 이름은 좀 강해보이고 멋있어서 그걸 쓰고 싶은데."라는 생각만 하고 있었던 거다. 성씨에는 박씨도 있고, 최씨도 있는데, 지금도 고칠이는 왜 유독 김씨만이 멋있어 보여 고집했는지 자신도 모르겠다는 거다.

"할아버지는 고칠이가 태어날 때 일곱 칠(七)자는 행운을 불러 일으킨다며, 이름에 칠자를 넣은 게 문제였어요. 이름이 웃겨서 고칠이 친구들의 웃음거리가 될 수 있다고 고민했었는데, 고칠이가 자신의 이름을 마음에 안 들어하나 보네요." 라는 엄마의 작은 음성이 안방에서 슬며시 새어나왔다.

고칠이 엄마와 아빠가 고민한 게 뭘까요. 그건 할아버지의 권위를 무시하기 어려웠다는 겁니다. 할아버지가 손자의 이름을 지어주셨는데, 그걸 마음에 안 든다고 바꾸겠다고 하는 건 당시만해도 상상이 안됐던 거죠.

우리나라는 유교전통으로 웃어른에 대한 예의를 지키는 게 큰 덕목이었어요. 이것이 세상 사는 데 절대적인 객관적인 기준이 되었거든요.

절대적 윤리설도 이와 같아요. 절대적 윤리설에는 일단 윤리가 확립되면 쉽게 바뀌지 않습니다. 상황에 따라 윤리에 대한 권위와 확신이 바뀌지 않는다는 말이에요. 그러나 이 윤리설은 시대변화에 둔감해서 자칫 잘못하면, 겉과 속이 다른 위선적인 인간을 배출하게 될 겁니다.

상대론적 윤리설에서는 시대나 사회환경에 따라 다르게 적용됩니다. 사람들마다 주관적인 여러 행동기준들이 나타날 게 뻔합니다. 또한 윤리규범의 필요성도 유용성이란 입장에서 수용하겠죠. 여러 윤리가 난립하여 혼란스러운 도덕적인 무정부상태가 올지도 몰라요.

고칠이 부모님은 당시 걱정이 많았을 듯 싶네요. 그러나 결국 고칠이 이름에 대해서는 할아버지 말씀을 따랐다고 하네요.

　

고칠이는 왜 자신이 혼났는지 영문을 몰라 너무 마음이 답답하고 해서 친구들이 많이 모이는 우물가에 갔다. 우물가에 가니까 같은 반 친구들이 놀려대며, 히죽거렸다.

"고칠아 너네 아빠, 정말 너네 아빠냐? 너네 아빠는 이씨인데 또 김씨 아빠가 있나보네, 히히."

"고칠이는 아빠가 둘이래요, 깔깔."

뭔 말을 하는지, 고칠이는 친구들이 잘 이해가 안 갔다. 고칠이는 단순히 '이고칠' 이라는 이름이 마음에 안 들었던 건데.

"얘! 친구들아, 우리 딴 거 하고 놀자, 나 그것 때문에 엄마한테 엄청 혼났거든."

그러더니, 고칠이가 원기둥 모양의 우물 속을 들여다 보았다. 우물 속에는 가끔 아이들이 놀다가 빠뜨린 장난감이 있어서다.

이게 웬 떡인가. 고칠이는 "비싼 로봇 장난감이 하나 빠져있다."며, 우물 속에 얼굴을 깊숙이 들여 밀었다. 진짜일까. 호기심에 친구들이 모여들었다.

　그런데 장난끼 많은 요정의 장난일까. 고칠이는 자신이 먼저 장
난감을 갖고 싶어 손을 쭉 뻗어 잡으려다, 그만 우물에 풍덩 빠지
고 말았다. 높이는 한 2-3미터 정도나 됐다. 으악! 큰일이다. 올
라올 수가 없는 거다. "사람 살려요, 사람 살려요!" 잔뜩 겁에 질린
친구들과 고칠이의 아우성이 경고음처럼 사방으로 퍼져나갔다.

　우물가 앞에 사는 잘 생기고 훤칠하게 키 큰 한 대학생이 얼굴
이 파랗게 상기되어 허겁지겁 달려왔다. "모두들 가만히 있어요."

라는 존대말 어투로 아이들을 진정시키고, 그 멋진 대학생은 한 손으로 우물 모퉁이를 잡고, 밧줄이 달린 우물 바가지를 떨어뜨렸다. "고칠아! 그거 잡어, 얼른."

고칠이는 울음이 쏟아졌고, 살기 위해서는 그 대학생이 하라는 대로 밧줄을 잡을 수 밖에 없었다. 짜릿한 긴장감이 맴돌았다. 그 학생은 고칠이를 구하려고 양팔로 안간힘을 썼다. 숨을 헐떡이는 고칠이는 마치 우물밑에서 백년 이상 장수한 거북이가 등을 받쳐 올라오는 환상을 보는 듯 했다. 결국 고칠이는 살았고, 그 후 고칠이가 김씨인지, 이씨인지 누구도 관심이 없었다.

엄마와 아빠는 그 소식을 듣고서는 여러 번의 심호흡으로 쿵쾅거리는 가슴을 진정시키고, 긴급히 고칠이를 병원에 데리고 가셨다. 고칠이가 혹시 문제가 없나 싶어 이리저리 확인하셨다. 다행히 고칠이는 우물 안 벽에 박힌 못에 긁혀 허벅지에 '느낌표' 모양의 깊은 상처가 남은 것 이외에는 아무 문제가 없었다.

지금도 고칠이의 허벅지에 남은 깊숙한 상처를 보게 되면, 웃음부터 나온다.

'저 김고칠이에요. 이고칠이 아닌데. 에라 우물가 가서 친구들하고 놀아야겠다…장난감이다. 으악, 풍덩. 살려줘요, 엉엉.'

"고칠이는 웃긴 이름에 놀리는 걸 견뎌야 하고, 값비싸 보이는 로봇 장난감이란 유혹을 참았어야 했다고요? 입장을 바꿔 생각해 봐요. 누구도 못 참았을 뿐 아니라, 그걸 참고 견뎠다면, 아마 아무 생각없는 바보가 아닐까요? 고칠아! 너를 위해 이렇게 말하는 누군가가 한 명이라도 있겠지, 허허."

논술배경지식 ◆ 사회학습 coach
인간의 특성

인간은 모든 분야에 잠재적인 가능성을 갖고 있어요. 하늘도 날고 우주여행도 하잖아요. 그리고 도구를 만들고 사용할 줄 아는 도구적 존재, 유희를 삶에 꼭 필요한 것으로 인식하는 유희적 존재에요. 인간은 사회를 떠나 살 수 없고, 사회화 과정을 통해 온전한 인간이 되는 사회적 존재이기도 하죠.

게다가 인간은 언어 지식 사상 기술 예술 등의 문화를 갖고 있어요. 언어 문자 같은 상징체계로 문화를 계승 창조하는 문화적 존재와 자신의 행동을 의식적으로 조절할 수 있는 정신적 존재이며, 윤리적 행동을 하는 윤리적 존재입니다.

고칠이는 **인간의 특성**으로서 도구적 존재 유희적 존재 등을 만족시키지만, 자신의 행동을 의식적으로 조절할 수 없었다는 면에서는 정신적 존재라고 보기에는 어렵나요?

고칠이처럼 어린 나이에 그것도 웃긴 듯한 이름에 대한 놀림과 비싼 장난감에 대한 유혹을 쉽게 참아내고 견뎌내라는 것은 너무 과도한 사회적 요구일 겁니다. 그렇죠?

모든지 참고 견디라는 논리는 아마도 기득권을 위한 논리일 듯 싶어요. 참고 견딜 수 없는 일들은 말이나 행동으로 요구될 수 밖에 없는 것이며, 끝내는 당사자 혹은 계층 간의 싸움으로 번질 수 밖에 없는 것이겠죠.

자신의 본성을 발견하고 이를 계발하는 모습이 진정한 사람의 모습이 아닐까요. 자신의 모습을 억지로 완전히 고쳐 사회가 원하는 성공한 사람의 모습으로 살아 나간다는 건 정말 힘든 일입니다. 진정한 자기 자신의 모습도 아니고, 참다운 인간의 모습도 아닐 듯 싶네요.

그리고 성공한 사람들이 더 큰 만족과 보상을 위해 당장의 욕구 충족을 참았다고는 하지만, 실상은 그렇지 않은 부분도 많을 거예요. 지금 이 순간에도 성공한 사람들은 모두는 아니겠지만, 지금 당장의 만족을 위해, 남의 것까지 빼앗는 경우도 있더라고요. 역사적으로도 입증된 사실일 듯 싶네요.

개천을
벗삼아 놀기

스토아학파, 에피쿠로스학파
성장을 중시하는 입장,
분배를 중시하는 입장
계층과 계급

■□■□

고칠이 집 앞에는 조그마한 개천
이 있다. 여름이면 지독한 냄새가 많이 나서, 세수도 안 하는 동네
꼬마들조차 코막고 지나가기 바쁜 곳이다. 아저씨 아줌마들은 하
루빨리 여길 메워서 조그만 도로를 만들거나 주민들의 휴식공간
을 만들어야 한다고 반상회도 열 정도다.

그런데 고칠이만은 다르다. 하루가 멀다 않고 개천에서 재밌다
고 논다. 고칠이는 개천물을 몸에 온통 뒤엎고 집에 들어올 때면
엄마의 화난 듯한 찡그린 얼굴이 생각나 후회의 소용돌이로 눈이

번쩍 띄였지만, 그래도 고칠이는 개천에서 노는 걸 생각만해도 웃음이 절로 날 정도라는 거다.

게다가 고칠이는 개천말고도 집근처 움푹 파인 웅덩이에서도 발가벗고 수영도 하고, 코가 막혀 풀어보면 누런 흙이 나오고 하는 게 꽤 재밌는 모양이다.

논술배경지식 ◆ 사회학습 coach
스토아학파, 에피쿠로스학파

서양에서는 마음 편히 살 수 있는 방법으로 이성과 사유를 강조하는 **스토아학파**가 있었어요.

창지시자는 제논(Zenon, 기원전 336-기원전 263)인데, 필연적인 법칙을 지배하는 힘이 바로 보편적인 이성, 로고스(logos)라고 주장했어요. 인간도 이러한 로고스 존재라서, 해가 동쪽에서 떠서 서쪽으로 지는 로고스 법칙을 따라야만 혼란이 없어 마음이 편하게 된다는 것이지요.

그래서 제논은 인간이 마음 편히 살려면 이성을 흐리게 하는 감정이나 욕망을 억제하여 부동심(不動心, 아파테이아)의 경지에 이르러야 한다고 주장한 거예요.

반면에 어린 고칠이처럼 이성에 따라 사는 답답한 삶 보다는 자신이 좋아하는 개천에서 즐겁게 감각적으로 사는 것이 마음 편히 사는 길이라고 주장한 헬레니즘 철학자 **에피쿠로스**(Epicuros, 기원전 342-기원전 271)도 있었죠.

에피쿠로스는 즐거운 삶을 중시하여, 쾌락을 느껴야 행복한 상태에 이를 수 있다는 주장을 한 겁니다.
에피쿠로스는 정신적이고 지속적인 쾌락을 통해 육체적인 고통과 마음의 근심이 없는 상태인 '아타락시아'를 말하게 됐어요.

스토아학파는 나중에 만민법과 자연법에 영향을 주고, 에피쿠로스학파는 경험론과 공리주의에 영향을 주었답니다.

신의 질투일까. 햇빛
의 강렬함이 사그라지는
초가을 점심 때쯤, 고칠
이가 동네 아이들을 꼬셔
개천에 들어가 같이 노는
데 이상한 누런 색의 동그
란 공이 떠 내려오는 걸 보
게 되었다.

　"얘! 우리 이 공 같이 갖고
놀자, 재밌겠다."하고 고칠
이와 동네 아이들이 달려들었다. 먼저 그 누런 공을 가지려고 하
다가 쓰러지고 부둥켜안고 난리법석이었다. 온 몸에는 시커먼 개
천물로 목욕하고, 드디어 고칠이가 생떼 써 먼저 손에 움켜 잡은
이 이상한 누런 공은 "뿌지직" 소리와 함께 그의 팔뚝으로 흘러
내렸다. 냄새가 지독히 나는 똥이었다. 고칠이는 가만히 있다가
그만 온 힘을 다해 울음을 터뜨리고 말았다.

그 이후로 고칠이는 개천 앞에서 본능적으로 서성거리기만 하다가 잘 들어가지는 않았다. 개천에 들어가고 싶어도 잔인한 그 똥이 무서워진 것이다. 고칠이는 파블로프가 개에게 한 조건반사 실험 결과를 뒤집을 수가 없었던 모양이다.

파브로프의 조건반사 실험 _ 러시아의 생리학자 파블로프는 1900년쯤 개를 대상으로 소화에 관한 연구를 하면서 조건반사 현상을 발견하였다. 그는 개에게 종소리를 들려준 다음, 먹이 주는 일을 여러 번 되풀이한 결과 나중에는 종소리만 들려주면 먹이를 주지 않더라도 침을 흘리게 된다는 것을 알았다. 그는 먹이가 입 속에 들어가 침이 분비되는 것을 무조건반사라고 한다. 원래 먹이와는 전혀 관계가 없는 자극, 즉 종소리와 같은 자극을 되풀이 받으면서 그 자극 뒤에는 먹이가 나온다는 것을 경험으로 알게 된다. 그 자극만 받아도 침을 흘리게 되는 반사를 조건반사라고 하였다. 이 조건반사는 학습 또는 경험의 한 형태이다.

고칠이가 개천에 들어가는 게 뜸해질 무렵, 개천이 사라질 거라는 소문이 동네 구석구석 돌았다. 가끔씩 넥타이를 멘 아저씨들이 오더니, 트럭 불도우저 등이 뒤따라 왔다. 지금은 개천의 자취는

흔적도 없이 풋풋한 추억 속으로 사라졌다. 엄마는 생전 불지도 않으시던 '휙' 하는 휘파람 소리를 내며, 기뻐하셨다. 집 앞도 깨끗해졌고, 고칠이가 개천에 들어가지 않게 돼서다. 하지만 소중한 영혼이 깃든 진실이 영원히 사라진 것처럼, 고칠이의 놀이터는 없어졌다. 이제 그 무섭던 똥도 못 보게 되었다.

고칠이도 엄마처럼 좋긴 했지만 왠지 허전했다. 무서운 똥을 못 보게 되어서 좋긴 한데, 개천에서 노는 게 고칠이에겐 제일 행복

했던 것이다. 누구에게도 간섭받지 않고 마음껏 놀 수 있는 곳이어서 못내 아쉬웠다. 고칠이는 항상 어깨가 축 늘어진 채 지냈다. 같이 지내던 아리따운 벗과 이별한 것이다.

고칠이의 집은 개천이 없어진 지 몇 달이 지나 이사했고, 요즘 그 곳은 6층짜리 땅딸막한 아파트가 들어섰다네.

우리 사회는 성장을 중시할지, 분배를 중시할지 오랫동안 고민을 많이 해왔고, 이 문제로 계층 계급간의 갈등도 많았어요.

경제적 측면에서 **성장을 중시하는 입장**에서는 경제성장만이 우리 사회가 살 길이라고 주장하면서 적극적인 시장의 논리를 활용하고자 했던 거예요.

그들은 단기적으로 부의 불평등과 계층 계급간의 위화감을 조성할 수 있지만, 장기적으로 국가의 부의 축적을 가져와 개인의 풍요로운 삶을 보장할 수 있다고 주장했죠. 이들은 대체로 사회교과서에서 권위주의적인 안보체제의 옹호자로 보수주의로 일컬어지고 있답니다.

그러나 **분배를 중시하는 입장**에서는 시장의 논리보다 인간다운 삶을 보장할 수 있는 물질적 평등을 강조했어요. 그들은 시장경제 체제로 인한 부의 불평등 구조를 개선해야 한다고 보았어요.

그리고 공정한 부의 분배를 위해서는 어느 정도의 사회주의적 경제방식이 필요하다고 주장한 거예요. 이들은 대체로 권위주의에 대한 저항세력인 진보주의로 말해집니다.

이에 따라 성장을 중시하는 입장은 시장제도의 원활한 운영과 효율성을 강조하면서 자유를 최우선의 가치로 생각하는 반면, 분배를 중시하는 입장은 사회복지체제의 구축을 위한 노력을 강조하면서 평등을 최우선의 가치로 여기죠.

우리 사회가 자본주의 사회이다 보니, **계층과 계급**이라는 말의 구별은 쉽게 말해 '경제적인 기준이냐, 아니냐.' 로 볼 수 있어요. 계급은 '돈이 많냐, 적냐.' 라는 경제적인 기준이고, 계층은 '지위가 있냐, 없냐.' 라는 경제이외의 기준일 듯 싶네요.

계급은 흔히 생산수단의 소유 여부에 따라 서열화 된 위치라고 하고, 계층은 사회적 희소가치인 지위, 권력에 따라 서열화 된 위치입니다.

할아버지께
지팡이로 매맞기

인간은 윤리가 가능하다
자본주의와 사회주의

■□■□

　　　　　　　고칠이 할아버지는 손자 고칠이랑 지내시는 걸 이 세상에 그 어떤 것보다 더 즐거워 하셨다. 할아버지는 고칠이가 너무 순수했는지 아주 좋아하고 귀여워 하셨다. 그런데 할아버지와 고칠이가 밖에 나갔다 들어오면, 거의 매일 하루도 거르지 않고 고칠이는 울고 들어오는 게 아닌가. 엄마가 고칠이를 달래서 조용히 왜 우냐고 물으면, 고칠이는 이리저리 맞는 시늉하며, 할아버지가 탄력성이 좋기로 소문난 왕머루 줄기 지팡이로 철썩철썩 때렸다네.

　　처음엔 엄마는 고칠이가 안쓰러워 할아버지가 좀 너무 했다는 생각이 들 때가 많으셨다. 그런데 하루도 아니고 시시때때로 할아버지와 나가서 잘 지내다가 할아버지께 지팡이로 맞아 울고 들어오니, 이걸 할아버지 탓으로만 돌리기에는 좀 의심스러워 보였다.

엄마는 하도 답답해서 할아버지와 고칠의 뒤를 미행(?)하셨다. 엄마가 완전 스파이가 된 셈이다. 멋진 연예인 쫓아다니는 스토커라고나 할까.

정말 처음에는 할아버지와 고칠이는 마치 둘도 없는 친구처럼 광장을 가로질러 뛰어다니며, 잘 지내는 것 같았다. 할아버지는 손주가 귀여우신지 아이스크림콘도 사주시고 고칠이의 머리도 쓰다듬어 주곤 하셨다.

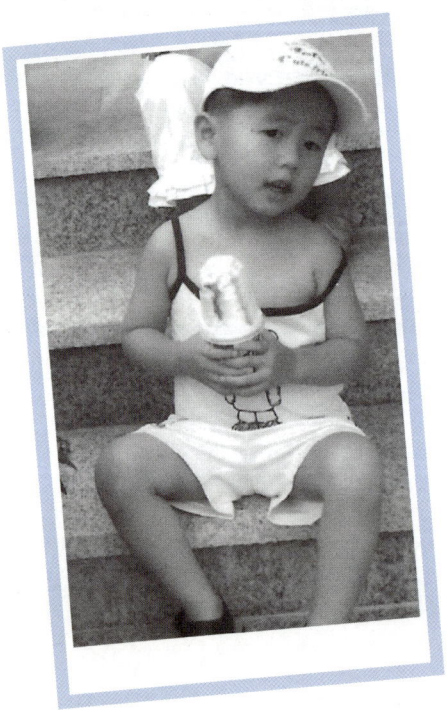

그러다가 해가 뒷산에 뉘엿뉘엇 져 집에 들어올 무렵, 갑자기 고칠이가 고집을 피우기 시작하는 게 아닌가. 고칠이는 옆에 세발자전거를 몰고 가는 또래 친구를 가리키며, 저 자전거 타고 싶다고 거의 그 자리에 눕고 만다. 할아버지는 처음엔 고칠이를 설득한다. "저 자전거 사줄

게." 그러나 고칠이는 다른 자전거도 아니고 그 자전거만을 타고 싶다는 거다. 이런 억지가 어디 있는가. 고칠이는 요란한 경찰차 사이렌 소리만큼 울어 재낀다.

고칠이 엄마는 멀리서 숨어 보다가 더 이상 참을 수가 없어서 달려 나오시더니, 할아버지 지팡이를 빼앗으셨다. 커다란 로터리 길 한복판에서 고칠이의 볼기가 결국 벌집이 되고 말았다.

"엄마, 저 아이의 자전거 타고 싶어, 엉엉."
"넌 맞아야 돼, 그 자전거는 너게 아니야."
"내게 너게가 어딨어, 엄마, 엉엉."
"어, 뭐라고 다시 말해 봐, 고칠아. 내게 너게가 어딨냐고?"

교육열이 높고 생각이 많은 집안에서 태어나신 엄마는 고칠이의 말 "내게 너게가 어딨어."를 그냥 흘려 들어도 됐는데, 철부지 같기만 한 고칠이의 생각이 꽤 인상적이었다네.

"그래. 내게 네게가 어딨냐, 그런데 우리 사회는 내 것과 너 것

은 분명히 있단다. 고칠아 미안하다. 큰 고민 없이 세상살이에 익

숙한 엄마가 잘못했다."

자본주의 사회와 사회주의 사회 구별은 그렇게 어려운 것만은 아니에요.
그런데 많은 학자들이 그 구별을 자유민주주의 실현여부를 두고 구분해 와서 모호하게 된
부분이 있는 거죠.

여기에서 확실하게 구분해 보면, 그 구별의 잣대는 생산수단의 소유가 '국가(공동)냐, 아니
면 개인에게 있느냐.' 일 겁니다.

위에서 언급한 것처럼, 고칠이가 살고 있는 우리 사회는 자본주의 사회예요. 자본주의 사회
는 당연히 생산수단을 개인이 소유하고 있습니다. 예컨대 음료수를 만든 회사의 사장은 국
가가 아니고, 한 개인이라는 거죠. 공기업도 있기는 하지만요.

자본주의는 경제영역에서 국가나 공동체의 간섭에서 벗어나려고 노력해 왔던 겁니다. 그러
다보니 기업들이 생존을 위해 시장에서 더 많은 이윤을 획득하려고 무한한 경쟁을 추구하
게 되었고, 장점도 분명히 있지만, 이에 따른 부익부 빈익빈 등의 모순과 부작용이 등장하
고 있는 겁니다.

반면에 사회주의는 생산수단을 공동으로 소유하고 통제한 것입니다. 자본주의 사회처럼
'내것 네것'으로 서로 자기가 더 많이 가지려고 싸우다 보니 살맛 안 나는 세상이 됐다는
거죠.

그래서 사회주의 사회는 경제적 불평등 해소 만큼은 자신이 있었답니다. 사회주의의 기원
은 플라톤의 '국가론'의 이상사회, 초기그리스도교 공동생활, 토마스머어 소설 '유토피아'
의 공동사회 모습이에요.

그러나 러시아 중심의 사회주의는 보다 더 발전된 모습인 공산주의를 추구하다가 1990년
대 초반 붕괴되고 말았어요.

내 동생은
1등인데

페미니즘
삶의 의미와 다양성
조용한 혁명

■□■□

　　　　　　　　고칠이 동생이 초등학교에 들어간 지 벌써 1년이 다 되어간다. 엄마는 동생이 고칠이처럼 지저분한 개천에서도 안 놀고, 백과사전류의 책도 좋아하고 해서 넥타이까지 달린 멋진 밤색빛 어린이용 신사복을 사주셨다.

　그걸 입고 있는 고칠이 동생은 완전 학구파로 보였다. 그리고 동생은 해가 저물도록 놀고 들어와도 정말 놀았는지 알 수 없을 정도로 옷이 깨끗했고, 손에도 0.1그램의 흙조차 묻어 있지 않았다. 고칠이가 보기에는 정말 놀랍고 신기할 정도였다.

고칠이가 동생한테 "뭐하고 놀았냐?"고 물어보면, 초록색의 프라모델 탱크 장난감 조립했다고 하거나, 세발자전거 탔다고만 한다. 다른 것은 거의 한 적이 없다고 말하는 것이다.

이해는 되긴 하는데…. 또 동생한테 송도 앞바다의 '낙섬' 흙탕물에서 수영하고 노는 게 재밌다고 달콤하게 유혹해서 억지로 가면, 동생은 밖에서 그냥 우두커니 서 있을 뿐 이다. 흙탕물에는 절대 들어가지 않았다. 여자애들조차 발가벗고 신나게 헤엄치는데 말이야. 쩝. 한마디로 고칠이가 보기에는 재수없는(?) 녀석이었던 거다.

동생한테는 재수없는 게
또 하나가 있다. 동생이
태어나자마자 고칠이 이
름처럼 할아버지는 "형
이 일곱 칠(七)자를
썼으니까, 동생은
이어서 여덟 팔(八)자를 써야
한다."며, '고팔' 이라고 지으신거다. 동생의 이름은
영락없는 무협지의 대장감이었다.

고칠이 엄마는 할아버지의 괴상한 논리의 이름 작법에 실망한
나머지, 거의 이틀동안 밥을 못 잡수셨다. 아침 일찍 진시경(오전
7시-9시)인가, 결국 엄마는 곰방대를 '톡톡' 털면서 쉬고 계시는
할아버지께 핏기없는 얼굴로 대드시고 말았다. 당시만 해도 거의
상상할 수 없는 며느리의 거센 저항이었다. 아마 엄마는 쫓겨나도
어쩔 수 없다는 하나의 대모험을 감행한 거나 다름없었다.

그런데 예상외로 일은 쉽게 마무리됐다. 할아버지는 고칠이의 동생 이름만큼은 며느리에게 맡긴 것이다. 고칠이도 자신의 이름이 항상 놀림감이 된 것 같아 내심 바뀌길 간절히 원했다. 그때 분위기로는 동생 이름은 바꿀 수 있었지만, 또 고칠이 엄마가 형의 이름도 바꾸자고 했다면, 엄마는 정말로 막나가는 며느리였다는 손가락질을 면치 못했을 듯 싶다. 도저히 권위 자체인 할아버지의 명령같은 말씀을 두 번이나 거역하실 수는 없었을 테니까 말이다.

동생은 누가봐도 부드럽고 좋은 이름으로 지어졌다. 고칠이 엄마는 할아버지께 여러번 "죄송해요." 라고 했다네. 그런데 고칠이는 뭐냐 말이다. "엄마 내 이름도 바꿔줘요. 멋지게요. 재수없는 내 동생, 너 때문에 내 이름은 지금도 창피하단 말이야."

논술배경지식 ◆ 사회학습 coach

페미니즘 Feminism

우리 사회는 아직까지도 봉건적인 잔재가 남아 있어요. 웃어른을 공경한다는 의미로 효사상이 있는 건 아름다운 풍습일 겁니다.

그러나 어디서 며느리(여자)가 나서냐, 암탉이 울면 집안이 망하느니 등의 옛사상은 여자가 남자에 비해 열등한 존재로 심하게 비하시킨 것으로 하나의 '차별주의' 라고 볼 수 있어요.

기존의 남성 우월주의 사회에서는 공격, 파괴, 정복 등 남성적 가치가 중시되어, 사랑 포용 보살핌 등 여성적 가치가 빛이 바랬다고나 할까요.

따라서 여성의 정치적 법률적인 모든 권리의 확장을 주장하는 **페미니즘**은 남성 우월주의를 타파하고 여성 우월주의로 가자는 말은 아니고, 남녀 차별없는 양성 평등한 사회를 추구한다고 봅니다.

에코페미니즘이란 말도 있어요. 이는 남성적인 가치관으로 자연을 정복과 지배의 대상으로 여겨 환경파괴가 나타났다고 생각했어요. 그래서 자연을 인간과 함께하는 동반자로 생각하는 여성의 가치관을 널리 확산시키자 라는 주장으로 보면 될 거예요.

우연일까. 고칠이와 동생의 이름이 서로 너무 달라서인지 몰라도 집에서도 학교에서도 생활이 많이 달랐다. 엄마도 이러신다. '생김새는 비슷할 수 있어도 고칠이랑 동생은 너무 다르다.' 는 거다. 한 뱃속에서 태어 났는데 이렇게 다를 수가 있을까 하신다. 뭐가 다른 건지 내참.

동생이 초등학교 1학년을 마치고 겨울방학을 맞이한 어느 날이었다. 동생의 학교 담임 선생님한테 전화가 왔다. 엄마는 전화를 받으시고 나서, 말똥말똥 쳐다만 보고 있는 고칠이 동생을 와락 안으신 거다. 지금까지 이렇게 기뻐한 엄마의 모습은 본 적이 없었다.

나중에 알고보니, 재수없는 동생이 반에서 1등했다는 것. 동생은 앞뒤로 가는 장남감차 정도밖에 없었는데, 그후 좌우 어디로도 가는 엄청 비싼 무선 원격조정 장난감 자동차를 갖게 됐고, 어떤 누구도 그 장난감을 만지지 못하게 했다. 정말 재수없는 녀석이었던 거다. 그 자동차 이름은 '코베트'였고 노란색이었는데, 얼마나 동생이 그걸 애지중지 했는지, 2-30년이 지난 지금도 그 자동차가 동생 집에 있는 모양이다. 대단한 녀석이다.

고칠이는 그래도 학교에 한 번도 결석한 적은 없다. 하지만 학교수업이 재밌어서는 아니고, 고칠이는 학교 가면 친구들과 누런 흙탕물에 가서 놀 이벤트를 생각하면 학교 가는 게 마냥 즐거웠다. 고칠이 반의 대장, 형태라는 친구만 뒤쫓아 다녀도 무지무지 놀게 많

앗다네. 그 친구는 헤엄칠 웅덩이가 있는 곳을 전지전능한 신처럼 거의 다 알고 있었고, 웅덩이 겉만 보고도 물 깊이까지 머릿속으로 가늠할 정도였다.

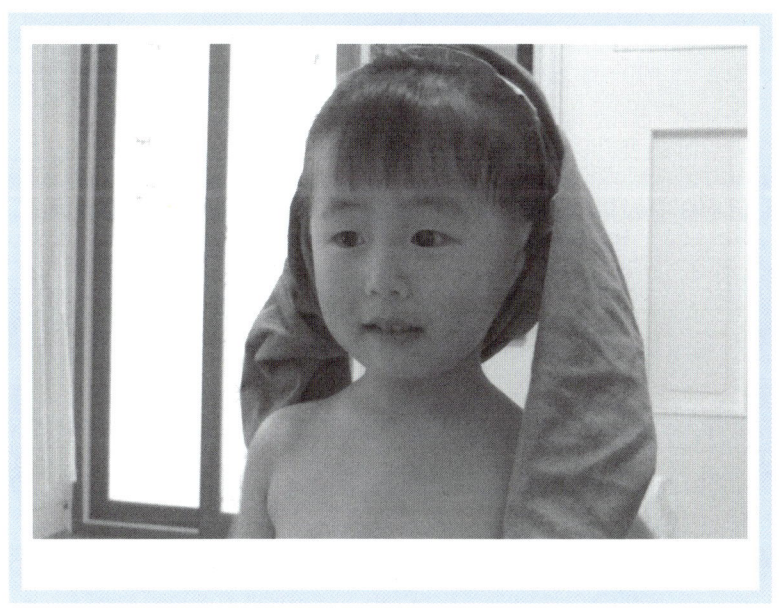

엄마는 고칠이가 왠지 답답해 보였다. 집밖에 잘 안 나가는 동생과 너무 많이 달랐고, 공부는 안 하고 친구들과 어울려 놀 궁리만 하기 때문이다. 어렸을 때 공부하는 게 중요한 건 아니지만 글자 하나 안 보려는 고칠이가 조금이라도 공부에 관심이 있었으면 했던 것이다. 게다가 고칠이가 구깃구깃 접어 가방에 넣어 갖고 온 성적표는 안 봐도 휘했다. 거의 '수우미양가' 중에 '양가' 집이었다.

엄마가 하루는 날 잡아서 고칠이에게 물으셨다.
"넌 왜 전혀 공부를 안 하니?"
고칠이는 이마의 땀을 훔치며, 생각나는 대로 말했다.
"엄마, 책 안에 있는 까만 글씨들이 내 머리를 아프게 해요."

그런데도 엄마는 고칠이를 쉽게 포기하지 않으셨다.
고칠이를 가장 똑똑하다고 하는 동네 대학생 누나에게 공부를 맡기신 거다. 고칠이는 공부할 때쯤 되면 온몸이 근질거리는 느낌이었다.

한 일주일 지났나, 고칠이는 공부하러 누나네 집에 간다고 하면서 친구들하고 떼지어 연안부두가의 웅덩이 흙탕물에서 놀다 들어왔다. 고칠이의 고집은 정말 꺾기 어려웠다. 동네 사람들은 엄

마가 잔뜩 찡그린 냉혹한 표정으로 고칠이를 때리려고 빗자루 들

고 다니시는 걸 심심찮게 목격하곤 했다.

"고칠아, 책좀 읽으렴."

삶의 의미가 무엇이냐고 물어 답을 얻는다는 것은 너무나도 어려운 일인 듯 싶어요. 삶의 의미를 고민하는 과정이 바로 삶의 의미일 겁니다.

그런데 삶의 문제는 항상 선택의 문제와 연관되어 있습니다. 무엇을 선택해야 할지는 매번 갈등 속으로 자신을 내몰아 버립니다.

선택의 수가 사람마다 다양하다 보니, 각양각색의 사람들이 있겠죠. 삶의 다양성은 사회가 올바르게 형성되고 발전하기 위한 밑거름일 겁니다.

그리고 삶을 살다보면 나름대로 삶의 목적이 생길 수 있는데, 다른 사람이나 사회전체에 부당한 손해를 끼치지 않게 해야 해요. 또한 자신에게 무엇보다 보람있어야 한다는 건 당연한 거겠죠.

그런데 고칠이는 책읽기 싫어서가 아니고, 책을 읽으면 머리가 아프다는 말을 하네요. 이걸 보면, 고칠이가 책을 많이 읽는 것도 중요하겠지만, 아무리 어린 나이일지라도 고칠이에게 맞는 삶의 의미와 선택이 있어야 할 듯 싶어요.

고칠이에게 있어서는 주변의 좀 더 신중한 도움이 필요하다는 생각이 듭니다. 왜냐하면 제각기의 삶은 다양하기 때문일 거예요.

자아실현 과정은 우리가 지닌 가능성을 키우고 이상을 실현해 궁극적으로 행복을 찾아가는 과정입니다. 여기에서 행복의 기준은 뭘까요? 반에서 1등하는 학생이 꼴찌하는 학생보다 행복할까요?

과거 자아실현 과정은 이미 사회적 목표가 주어져 있어서 자신의 가능성도 이미 정해져 있는 경우가 많았어요. 경제적으로 가난한 가정에서 태어난 학생들은 부유한 학생들보다 학습정보를 얻는 폭이 좁은 것은 사실입니다. 유학가기도 사실 어렵잖아요. 아마도 기존의 행복기준으로는 불행하다고 보여집니다.

그러나 로널드 잉글하트 미국 미시건대 교수는 그가 주장한 개념인 '**조용한 혁명**'이라고 해서 돈이나 학교성적의 삶의 객관적 지표보다는 내가 얼마나 최선을 다했는가 등등의 주관적 지표가 행복의 지수로 바뀌고 있다는 겁니다.

특히 우리 동양사회는 자본의 소유 보다는 도덕적인 완성을 삶의 목표로 두고 이를 행복의 기준으로 삶는 경우가 많았어요. 밥보다는 명예였거든요. 그런데 어느새인가 돈이 삶의 목표가 되고 성공의 기준이 됐으니.

어느 날 선생님이
쌀을 주시더라

사회적 삶
관념론과 유물론

■□■□

　　　　　　　　　　고칠이의 집에는 4-5명 정도 앉을 수 있는 큰 소파(sofa)가 있었다. 정사각형 모양의 거실도 널찍했다. 흙이 있는 마당도 있어서 목련나무가 제일 멋진 양 뽐내고 있었다. 바로 옆에 3미터쯤 돼 보이는 소나무가 있었는데, 그 나무는 오른쪽 위쪽으로 손모양의 큰 가지가 잘려져 있어 약간은 흉물처럼 보였다.

　　집은 대리석 모양의 울퉁불퉁한 벽돌로 장식되어 있어 누가 봐도 못 사는 가정은 아니었다. 고대광실 좋은 집이라는 말이 연상

될 정도다. 자가용도 있을 법한데, 고칠이의 아빠가 운전을 못하신다. 그리고 아빠는 운전사를 고용하자니, 지출이 많게 돼서 사업면에서만 운전사를 고용하셨다.

그런데 이상하게도 고칠이는 옷을 입은 모습이 영락없이 "한 푼 줍쇼."하는 거지행세와 비슷했다. 한 손에는 먹다 만, 금방이라도 부서질 듯한 건빵을 들고 있고, 바지 앞주머니에는 콧물 닦다가 꼬깃꼬깃 말아 넣은 흰 손수건이 있었다. 머리는 고슴도치 모양으로 대충 깎아 올려 가난해 보였다. 어느 날은 팬티도 입지 않아, 친구들하고 앉아서 놀 때 살짝 고칠이의 고추가 보여 여학생들의 실소(失笑)를 자아냈다. 고칠이는 앙갚음 하는 마음으로, 여학생들이 공기돌 놀이할 때, 짓궂게 치마를 확 들치곤 했다네. 증권회사의 증시로 비유하면, 여학생들에게 고칠이의 인기도는 폭락해 거의 바닥세를 보였다는 거다.

그래도 고칠이의 마음 한 구석에는 얼굴이 자그마한 '수현'이라는 예쁜 여학생이 자리잡고 있었다. 고칠이는 그 여학생 앞에 도저히 못 갔다고 하니, '사랑'이라는 단어를 느낀 때가 있었나 보다.

논술배경지식 ◆ 사회학습 coach

❀ 사회적 삶 ❀

인간은 사회를 떠나서 살 수는 없다고 해요. 고칠이도 여학생들과 사이좋게 지내고 학교에서도 조금이라도 다른 친구들처럼 서로 맞춰서 지내야 하겠죠.

사회는 상호작용하는 개인들의 집합체라고 합니다. 일정한 지역 혹은 공간에서 가치관 규범 언어 종교 문화 등을 상호 공유하고 제도와 조직을 형성하여 질서를 유지합니다. 사회 구성원을 재생산하면서 존속하는 인간의 집단입니다.

따라서 사회는 제도와 조직을 통해 지역 공동체, 문화 공동체, 정신적 통일체라는 특성을 갖습니다. 인간과 인간 사이에 있을 때 진정한 인간이라는 말이 나올 법하죠.

현대시대에 와서는 언론과 정보통신기술의 발달로 인터넷매체 등이 대중화 되면서 가상공동체가 출현했습니다. 우리는 이 공동체의 사회구성원을 '네티즌'이라고 부르고 있잖아요.

그러던 어느 날 선생님은 고칠이를 불렀다.

"고칠아, 이 쌀 우리반 친구들이 너를 위해 모은 거란다. 어머니께 갖다 드려라."

고칠이는 선생님의 이 말씀을 듣고 너무 기뻤다. 한마디로 공짜로 쌀이 생겨 방망이 떡도 해 먹을 수 있고, 떡볶이도 먹을 수 있고 해서.

그러나 고칠이는 이 날 엄마에게 엄청 혼났다네.

그리고 엄마는 밤새워 우셨다. 다음날 엄마는 고칠이 반 선생님을 찾아뵙고 감사하다고 말씀을 드리고, 선생님을 며칠 후에 초대하셨다.

선생님은 럭셔리 풍의 멋진 고칠이의 집을 보시고 깜짝 놀라시고, 거꾸로 고칠이 엄마께 죄송하다며 인사하시고 가셨다는 거다.

선생님이 그 이후로 고칠이반 친구들에게 뭐라고 말씀하셨는지는 모르겠지만, 놀러온 적이 없던 반 친구들이 고칠이 집에 오더니, 냉장고문 열어 보기, 소파에 몸던지기 하며, 이리저리 신기한 듯 집구경하다가 마당에 있는 조그만 꽃밭에서 개미들 허리 눌러

괴롭히기 놀이하고 가기 일쑤였다.

    … 그리고 자명종 시계를 몇 번이나 더듬어 껐는지 모를 정도로

시간은 바삐 흘러갔다.

관념론과 유물론을 설명하는 건 사실 어려운 문제 입니다. 여러 다양한 논의가 있어 설명하기가 좀처럼 쉬운 것만은 아니에요.

유물론을 간단히 말하면, 물질이 생각을 규정한다는 말이에요. 거꾸로 관념론은 생각이 물질을 규정한다고 보면 되죠. 이해됐나요? 어렵죠? '물질을 숭상한다.' 는 물질주의, 물질론과는 달라요.

예컨대 고칠이의 집을 물질로 보면 친구나 선생님이 그 물질을 보고 생각이 바뀐 것 아닙니까. 이게 바로 유물론적인 관점이라는 거예요.

유물론은 본질상 과학의 진보와 밀접하게 연결되어 있어요. 유물론은 관찰 경험 실험 등을 인식수단으로 해서 자연과학의 발전을 꾀하게 되었어요. 유전공학 등의 발전은 기존의 관념에 없는 개념이라서 도저히 이뤄낼 수 없는 거예요. 유물론적인 관점에서 이뤄낼 수 있었답니다.

관념론은 위에서 생각이 물질을 규정한다고 했죠. 외부세계는 의심되거나 부정됩니다. 따라서 관념론은 종교와 밀접하게 관련되어 있어요.

간단히 말해 세계이성 절대이념 보편정신 등으로 표현되는 절대자 하느님(생각)이 이 세상(물질)을 규정한다고 말하게 됐죠.

요즘은 잘 모르겠지만, 과거에는 신의 말씀을 대변하고 전달하는 성직자가 정치 통치계급 이상의 권위를 갖고 있는 것도 이런 이유가 있었겠죠. 그래도 보다 긍정적인 측면도 있어요. 물질적으로 어려움에 직면해도 '긍정적인 힘'인 종교적 신앙으로 견뎌내기도 하지 않습니까.

요약하면, 관념론은 인간의 정신 및 의식을 중심으로 사회현상을 설명하고, 유물론은 인간의 물질적인 삶과 생산활동을 중심으로 사회현상을 설명한다고 봅니다. 이런 말도 있어요. 관념론은 자본주의 발전에 기여했고, 유물론은 사회주의의 이론 및 실천이었다고 합니다.

로널드 잉글하트 미국 미시건대 교수는 그가 주장한 개념인 '조용한 혁명'이라고 해서 돈이나 학교 성적의 삶의 객관적 지표 보다는 내가 얼마나 최선을 다했는가 등등의 주관적 지표가 행복의 지수로 바뀌고 있다.

특히 우리 동양사회는 자본의 소유 보다는 도덕적인 완성을 삶의 목표로 두고 이를 행복의 기준으로 삶는 경우가 많았다. 밥보다는 명예였다. 그런데 어느새인가 돈이 삶의 목표가 되고 성공의 기준이 됐으니.

An Infant Model, Min-young, Lee © 2006

2부

정직과 한숨은 동의어

아이큐 77
그럴 줄 알았어

아이큐의 유래
보수주의 개혁주의
급진주의

■ □ ■ □

안경을 두껍게 써 공부밖에 모르게 생기신 담임선생님이 갑자기 예고도 없이 오늘 아이큐 테스트와 적성검사를 하신다며, 옆 짝하고 좀 떨어져 앉으라고 하시는 거다.

고칠이는 갑자기 오른발이 떨리기 시작했다. 심장박동수도 배가되고 있었다. 선생님이 말씀하신 것은 한마디로 머리가 나쁜지 좋은지 검사를 한다는 뜻이란 걸 모르는 게 아니라서 마음도 더욱더 조여왔다. 나중에 안 거지만, 선생님은 일주일 전부터 아이큐 테스트를 한다고 공지했다는 거다. 고칠이는 그 때 뭐 했을까. 아마 딴 생각하느라 정신없었을 것이다.

고칠이에게는 정말 큰 일이다. 중간 기말고사보다 더 떨렸다. 만약 전교에서 꼴찌면 무슨 창피인가 하는 생각까지 들었다. 중학교때 거의 눈감고 찍었을 정도였던 아이큐 테스트의 결과가 82였던 악몽이 되살아나는 순간이었다.

아이큐 테스트 하기 전에 선생님의 긴 연설(?)이 진행됐다. 아이큐란 말은 지능지수이며, 영어로 'Intlligence Quotient'라는 것이다. 고칠이는 정말 다른 수업시간에 들었던 때보다 더 또렷이 들렸다. 긴장한 탓이리라. 지능은 아주 쉬운 말로 '머리의 좋고 나쁨'을 의미할 거라는 생각이 언뜻 고칠이의 머리를 스쳐 지나갔다.

그런데 선생님은 평소와 달리 숨을 깊게 들이 쉬면서 고칠이의 예상과 달리 지능지수에 대해 엉뚱한 말씀을 하셨다. 사람의 머리를 이처럼 아이큐 테스트로 측정할 수 없다는 것이다. 생각하고 연구하는 지능을 동작적 지능이라고 하는데, 이 테스트로 잴 수는 있어도, 사람을 이해하고 사람 사이의 문제를 풀어 가는 지능인 사회지능은 이 테스트로 알 수 없다는 것이다.

고칠이는 선생님이니까 저런 말씀을 하는 거고, 괜히 자신처럼 머리 나쁜 학생들이 나중에 아이큐 테스트의 결과로 충격을 받을까 봐 처음부터 선생님이 연막전술을 펴는 거겠지 라는 생각들로만 가득찼다.

고칠이는 바르르 떨리는 두 손으로 아이큐 테스트 문제를 받아 들었다. 고칠이의 머리는 그 문제들이 뭔 말을 하는지 도저히 납득되지 않아서 그 시험을 다 치루고도 머리가 무척 지근지근 아팠다는 말만 하였다.

그리고 몇 달이 지났다. 그 몇 달은 딱딱한 나무바닥에서 자는 것 같았다. 아이큐 테스트와 적성검사의 결과가 나왔다는 말들이 나돌았다. 아이큐 테스트의 결과는 공식적으로는 비밀로 되어 있거나, 부모님이 왔을 때만 알려줄 수 있도록 되어 있었다. 그래도 흔히 공부 잘 하고 머리 좋아 보이는 친구들은 어떻게 해서 알았는지 거의 다 알고 있는 눈치였다. 고칠이 학교에서는 아이큐 전교 1등이 155이상이라던가.

고칠이도 자신의 아이큐 결과가 너무 궁금했다. 고칠이는 용기를 내어 이리저리 수소문 끝에 결국 알게 되었다. 참담했다. 아이큐 77. 중학교 때보다 5나 떨어진 데다가, 반에서는 거의 바닥이었다. 고칠이의 별명(칠칠이)과 너무 똑같아 미칠 지경이었다.

고칠이는 이 문제에 대해 누구랑 상의해야 할지도 암담했다. 선생님은 적성검사로만 말씀하시는 것 같았다. 문과계열, 이공계열이 있는데, 기술직이 나을 듯 싶다고 조언해 주셨다. 선생님께는 정말 감사드렸다. 고칠이의 마음을 위로해 주셨고, 상처를 주지 않았기 때문이다. 그런데 지금부터는 누굴 걱정할 처지가 못 되는 자신의 삶이 큰 고민이 됐다. 마치 우연한 사고로 눈 하나 잃어서 어떻게 살아야 할지가 막막하게 된 것처럼 말이다.

고칠이는 자신의 아이큐를 안 이후 동네 인근 도서관들을 안 가 본 곳이 없을 정도다. 당시 아이큐에 대해 학교공부보다 더 열심히 했다.

고칠이는 아이큐에 대한 책에서 아이큐와 학교성적은 양의 상관관계가 있다는 것을 알게 되었다. 양의 상관관계라는 말은 중학교때 어렴풋이 수학시간에 배운 거로 알고 있었다. 한마디로 아이큐와 학교성적은 비례관계에 있다는 말이다. 아이큐가 높으면 어느 정도는 학교성적이 높을 수 있다는 말이다.

아이큐는 1905년 프랑스 심리학자 알프레드 비네(Alfred Binet)가 정신박약아를 검출하기 위한 지능검사법으로 고안해 낸 것으로 언어 수리 추리 공간지각 등을 항목별로 측정하며, '정신연령/생활연령*100' 으로 산출된다고 한다.

논술배경지식 ◆ 사회학습 coach
아이큐(Intelligence Quotient)의 유래

20세기 초쯤 프랑스는 의무화 교육을 실시했다고 합니다. 이 때 교사들은 학생들이 많아지면서 이해력이 부족한 학생들이 이해력이 빠른 학생들의 학업진도를 막고 있다는 것을 발견했어요.

이에 따라 교사들은 학생들을 학습능력에 따라 나누는 방법을 생각하게 됐죠. 프랑스 심리학자 **알프레드 비네(Alfred Binet)**가 이 문제를 놓고 연구하기 시작했습니다.

알프레드 비네는 교사들이 흥미가 결여된 학생과 능력이 결여된 학생을 구별하지 못할 수 있다는 것을 알게 됐습니다. 그는 학교에서 학업수행보다는 지능과 잠재능력을 측정하는 테스트를 개발했는데, 이 테스트가 **아이큐** 테스트의 유래가 된 셈이죠.

그러나 고칠이에게도 살아나가야 할 이유는 있었다. 아이큐 테스트는 순간적이고 즉흥적이며 타고난 재질을 더 많이 반영하지만, 인간의 꾸준한 노력에 의해 축적된 지적능력을 측정하는 도구는 아니라는 것이다. 고칠이는 책에서 이 말을 발견하고 종교적 구원같은 정신적인 해방감을 얻었다.

고칠이는 자신을 표현하길 '단순하다'고 말한다. 꾸준한 노력을 하면 자신의 학교성적과 인생을 바꿀 수 있다는 희망을 이 말에서 발견했다는 것이다. 또 이 말이 무슨 말인지 분석할 생각은 없었다. 고칠이는 그대로 받아들였다.

고칠이는 벼락치기하며 공부했던 것을 좀 줄여나가기로 했다. 평소에 열심히 하기로 했다. 새벽 2시까지 엄청 쓴 블랙커피잔을 들어가며, 책 내용을 외우고 또 외우고 했다. 자신의 처지가 너무 열악해서 이 방법 밖에는 없다고 생각했다. 그러지 않으면 자신의 삶의 희망이 보이지 않아서였다.

고칠이는 수업시간에 편안히 듣기만하면 되는 머리 좋은 친구들과는 다르다는 것을 알게 되면서부터, 자신만의 공부방법을 터득해 나가기로 했다. 아이큐 77 고칠이는 듣기만 하면 무슨 말인지 몰라, 속도감있는 선생님의 강의 내용을 써 내려가면서 이해를 해야했다. 그리고 나중에 또 다시 정리했다.

고칠이는 자신의 모습을 바꾸려고 부단히 노력하는 모습이 엿보입니다. 이것을 사회와 연관시켜보면, 보수수의 개혁주의 급진주의라고 표현할 수 있을 거예요.

보수주의는 사회의 기존 질서를 유지 보존하려는 것을 의미합니다. 지배 계급이 이를 지지할 거예요. 고칠이 학급에서도 아마도 반에서 1등인 학생은 기존 공부 방식대로 유지해 나가면 되는 거니까요.

개혁주의는 기존 질서를 부분적, 점진적으로 개혁하려는 입장입니다. 지배계급, 피지배계급 가운데 일부가 이를 지지할 듯 싶어요. 고칠이가 공부 방법을 약간만 수정해서는 성적이 많이 올라가기 힘들 겁니다.

급진주의는 사회의 기존 질서를 근본적으로 변화시키려는 입장이에요. 피지배계급이 이를 지지할 것 같고, 고칠이도 완전히 현재 자신의 모습을 바꾸는 공부방법을 선택해야 할 겁니다.

일반적으로 개혁주의와 급진주의를 진보주의라고 해서 보수와 진보를 나누기도 합니다.

공부를 평상시 안 하는 때는 정말 성적은 곤두박질쳤다. 아이큐가 낮은 탓이리라.

나중에 안 건데, 아이큐가 낮은 고칠이의 공부방법은 적중하고 있었다. 고칠이는 유명학원 주최로 치러지는 대입 모의고사에서는 아직 큰 점수를 못 올리고 있었지만, 학교 내신성적은 거의 반 등수를 10등이상 올리고 있었던 거다. 성적을 올릴 출발점이라 생각됐던 꾸준한 반복학습이 결실을 맺는 순간이었다.

그래도 영어는
자신 있다

개인주의와 집단주의
근대 경험론의 선구자,
베이컨

■□■□

　　　　　　　고칠이의 아빠는 젊으셨을 때, 여
러 일을 하신 것 같다. 신문사일, 철강사일 그리고 미군부대에서
도 일하셨다. 미군부대일은 아빠가 신문사일을 그만두고 뭘 할까
고민하다가 잠시 하신 일이 미군부대에서 사무일을 중개해 주신
거였다.

　그때 아빠는 미군들과 말이 잘 안 통해서 영어 공부하느라 정신
이 없으셨다. 엄마도 "아빠는 집안 일은 잘 도와 주지 않으시고,
일 마치고 집에 돌아 오시면 밤낮 영어글쓰기에 빠져있었다."며,

불만을 늘어 놓으셨다.

고칠이 아빠를 보면, 개인주의 같다는 생각이 들죠? 그러나 개인주의는 이기주의하고는 너무 많이 달라요.

개인주의는 사회보다 개인이 앞서서 존재한다고 보는 거죠. **집단주의**는 인간은 사회적 존재로서 사회성과 분리할 수 없어 개인보다는 집단이 우선한다고 보는 거예요.

그러면 고칠이 아빠는 개인주의인가요, 집단주의인가요? 너무 애매모호하죠. 고칠이 아빠가 혼자서만 잘 살기 위해 집안일도 도와주지 않으시고 영어공부만 하셨다면, 개인주의일 것이고, 심지어 이기주의일 수도 있겠죠.

가정에 보탬을 주면서 동시에 피해를 덜 주기 위해 영어공부를 밤낮없이 하다가 집안일을 어쩔 수 없이 소홀히 한 경우라면, 집단주의일 겁니다. 아마도 고칠이 아빠는 후자일 듯 싶네요.

한편 사회사상적 입장에서 집단주의가 극에 달하면 나치즘 파시즘 같은 전체주의에 빠질 수도 있다고 하네요. 모든지 조화로운 삶이 중요할 것 같아요.

아빠의 밤낮없는 영어학습 유전일까. 고칠이 누나도 영어를 잘 하고, 동생은 완전히 영어박사 수준이다. 못 읽는 영어잡지가 없을 정도이고, 동생 책장에 가보면 무슨 영어 원서가 그리 많은지 놀랄 정도다.

고칠이도 아빠의 유전 덕택일까. 고칠이는 영어에 대해선 싫지 않았다. 고칠이의 영문법 실력은 대단하다. 과학과목 등은 거의 연필 굴리면서 찍기 바쁜데, 영문법은 10개 문제 중에 최소한 7-8개 문제 이상은 맞힌다. 그 덕택에 대학도 가게 됐다.

고칠이도 동생처럼 책장은 있다. 그러나 책은 그리 많지가 않다. 한 100권 정도가 있는데, 영어에 대한 책이 무려 60권 정도나 된다. 영문법 토플책 토익책 등 종류도 가지각색이다. 나머지 책은 소설책이다. 거의 3류 소설에 가깝지만, 책읽는 게 싫지는 않은 모양이다.

그런데 고칠이는 영어로 된 원서는 잘 읽지 못한다. 문법 위주의 학교교육이 자신을 영어원서 하나 못 읽게 만들었다고 불평한다. - 참고로 동생은 다른 말을 한다. 영어문법을 알아야 정확한 영문 해석과 독해가 가능하다고.

고칠이는 수학이나 과학을 못한 것에 대해서는 오로지 추상적인 사고를 못하는 자신의 머리 문제라고 생각하며, 자신을 비하시킨다. 하지만 영어의 경우는 다르다. 항상 비하시키는 고칠이의 모습과는 다르다. 영어에 대해서는 자신있어 한다.

　고칠이는 한 손으로 턱을 괴고 있다가 천천히 혼자 팔짱끼는 자
세로 바꾸더니, ‘영어학습’에 대해 이렇게 말한다.

　“영어공부 방법에는 왕도가 없지만, 노력하면 된다. 계속 반복
하면 되고, 노력한 만큼 보답을 주는 게 영어다. 영어를 못하는 것
은 머리가 나빠서가 아니라, 노력의 부족이리라.”

고칠이가 추구하려는 지식은 실용적인 지식인 겁니다. 수학과 과학은 크게 현실과 동떨어져 보이니 마음에 와 닿지도 않고 추상적인 이론이라고 생각되나봐요. 학습에도 능률이 오르지 않고.

그래도 고칠이는 영어만큼은 실생활에 필요하고 구체적이다 보니, 노력하면 되겠다는 자신감도 생긴 모양입니다.

고칠이와 비슷한 입장일 듯한 생각을 이미 했던 사람이 있었어요. **근대 경험론의 선구자격인 베이컨**(F. Bacon, 1561~1626) 인데, 그는 인간에게 도움이 되고 실생활에 필요한 지식을 최고로 여겼어요. 베이컨은 아는 것은 힘이라고 주장하면서, 학문의 목적은 사람의 삶을 개선시키고 풍족하게 하는 데 있다고 합니다.

그는 중세시대 지식이 신 중심의 지식이어서 실생활과는 너무 동떨어진 형이상학이라고 생각했어요.

이건 아시나요? 베이컨의 4대 우상이요? 그는 올바른 선입견을 방해하는 선입견을 우상이라고 했고, 이를 극복해야 한다고 봤습니다.

• 종족의 우상 : 세상의 사물을 인간의 관점으로 바라보는 오류.
• 동굴의 우상 : 개인이 처한 주관적인 환경 즉, 동굴안에서 세상을 보면서 전체라고 여기는 오류.
• 시장의 우상 : 사회생활(시장)에서 부정확하게 사용되는 언어가 만든 편견.
• 극장의 우상 : 신문이나 TV 등의 권위나 전통을 무비판적으로 받아들이는 편견.

내가 대학을
가다니

인간의지를 중시한 쇼펜하우어
예언과 미래학

■□■□

　　　　　　고칠이는 중고등학교 때 공부를
반에서 중간 이상은 했다. 아이큐는 거의 꼴찌였는데, 반석차는
중상 정도할 때도 있었다는 거다. 전교에서 아이큐 꼴찌는 72였나
보다.

　그런데 아이큐가 72라는 아이는 자신의 아이큐를 측정하는 게
왠지 싫어서 거의 다 찍었다는 소문이 나돌았다. 실질적으로는 고
칠이가 꼴찌인 셈이고, 82정도 하는 친구가 꼴찌에서 두 번째 같
다.

왼쪽 콧구멍이 유난히 커 보이는 아이큐가 82인 이 친구에 대한 평가는 친구들 마다 가지각색이다. 그 중에서 가장 공통된 의견이 노력은 많이 하지만 성적은 그만큼 안 나온다는 거다. 거의 매일 새벽 1-2시까지 잠을 안 자고 공부한다는 말이 있다. 그러나 성적이 반에서 중하위권이다.

그런데 기막힌 일이 벌어졌다. 고 3때 막판에 그 친구가 대입모의고사 뿐 아니라 내신성적이 중상위권으로 올라가더니, 서울에 있는 대학에 붙었던 것이다. 다들 깜짝 놀라했다. 거의 믿기 어려운 일이라고 주변에서 말들이 많았지만, 고 3때 지나가다가 그 친구의 눈빛을 보면 밝게 살아있거나, 그렇지 않으면 잠을 못 자서 충혈된 적이 많았다네. 공부를 늦도록 한 모양이었다. 자존심 하나로 버텨온 그의 눈빛이었다. 왼쪽 콧구멍보다 더 커 보이는 눈빛이었다고나 할까.

두 번째 기적은 반에서 5등 꼴 하던 친구가 서울대에 들어간 것이다. 고칠이가 사는 지역의 고등학교는 전교 1등 해야 서울대를 갈 수 있었다. 그런데, 반에서 5등이 서울대를 갔다는 것은 정말

제2차 세계대전 패전국이었던 독일(서독)이 엄청나게 눈부신 발전을 이룩한, 일명 '라인강의 기적'과도 같았다. 그 친구의 아이큐는 크게 높지 않은 것으로 알려졌다.

세 번째 기적이 고칠이에게 올 줄 알았지만, 고칠이는 대입시험에서 영어만 좀 자신이 있었지, 영어를 제외한 과목들은 반타작 정도 한 점수로 4년제 대학은 꿈도 꾸기 어려웠다.

고칠이는 결국 대입 재수를 선택했다. 부모님은 고칠이가 괜히 고생한다고 생각하셨는지, 집 가까운 전문대에 입학 원서 넣기를 바라셨다. 그러나 고칠이는 재수를 강행했다. 부모님과 그것 때문에 매일 싸우다시피 했지만 부모님이 지고 말았다. 자식 이기는 부모는 많지 않은가 보다.

고칠이의 재수는 서울 노량진 학원가에서 시작됐다. Y학원 종합반, S학원 단과반을 수강신청하며 처음에는 열심히 하는 듯 했다. 그러나 한두 달이 지나서는 성적이 잘 안 오르는지, 술먹고 늦게 지그재그(zigzag) 자로 들어오더니 한두 번 구토하고, 머리 좋은 동생이 부럽다며 말하다가 잠들곤 했다.

　고칠이 책상 위에는 『내일은 태양이 떠오르는가』라는 대입재수 성공담 책이 나뒹굴고 있었고, 코피 닦은 휴지가 스탠드 한쪽편에 처박혀 있었다. 고칠의 재수생활은 결국 실패하고 말았다.

고칠이는 대입 재수시절이 너무 힘들어서 의지가 한순간에 무너진 적도 있다고 해요. 그래서 가끔 대입재수 성공담 책을 읽기도 했다네요.

생철학자 **쇼펜하우어**(Schopenhauer, 1788-1860)는 인간이 진정으로 행복하게 살고 싶다면, 이성보다는 의지를 강조하면서 보다 금욕적인 생활을 통해 맹목적인 충동에 의한 삶의 욕망을 제거해야 한다고 주장했어요.

그런데 쇼펜하우어의 말 중에 오해부분이 있었어요. 그는 인간의 욕구는 끊임이 없어서 삶은 욕구불만의 세계, 최악의 세계라고 전해진 거죠. 그러다보니, 이런 세상에서 살면 뭐하냐라는 식의 자살도 있었고요.

우리가 사회를 공부하고 논술을 통해 논리를 공부한다는 것은, 이 같은 지식이 궁극적으로 삶의 활력소가 되도록 하려는 것이 아니겠어요.

고칠이는 당시 주변 또래들은 벌써 대학생인데, 자신이 너무 뒤쳐진 게 아니냐 라는 식의 생각과 욕구불만으로 많이 힘들었을 거예요. 쇼펜하우어의 생각은 대입 재수하는 고칠이에게 위안을 준다기 보다는 하나의 채찍질이 될 듯 싶네요.

　그 후 삼수생활이 고칠이에게 찾아왔다. 고칠이는 너무 힘들었지만, 학과 지식보다는 인생내공이 쌓여서 그런지 어떤 어려움도 이겨냈다. 고칠이는 먼저 자존심을 버리고 전문대학을 선택했고, 그후 4년제 대학에 드디어 합격하고 말았다.

정말 뒤늦게 찾아온 기적이었으며, 인생승리였다. 당시만해도 고칠이의 학교는 4년제 대학을 학급 반정원 60명 가운데 15명정도 합격할 정도였다. 더욱이 고칠이는 서울캠퍼스와 수원캠퍼스가 있는 수도권 K대학 입학이었고, 반에서 한 10등꼴 이상은 해야 가는 학교였다.

고칠이는 가끔 이런 생각에 잠기곤 했다.
"하면 되긴 하는데, 힘들고 오래 걸리는 구나."
"아이큐 82인가 하는 친구는 대학에서 잘 적응하고 공부하고는 있을까."

고칠이가 대학을 갈거라고는 예측하기가 어려웠어요. 노력은 해도 언제 될 수 있을지 수치로 계산하기 어려웠거든요. 고칠이가 대학을 간 것은 기적이라고 해도 아주 틀린 말은 아닐 듯 싶어요.

또 아이큐 82인 친구는 대학에서 잘 적응할지 의문은 생기지만, 잘 할 수 있도록 건투를 빌어야죠.

이처럼 수치로 계산하기 어려운 것들의 미래를 예측한다는 것은 사실 불가능에 가까워요.

특히 옛날 사람들은 미래란 초자연적인 힘에 의해 정해진다고 생각했어요. 그러다보니 이같은 예측은 단순한 추측이나 현실성이 부족한 계시에 불과했답니다. 이를 단순히 **예언**이라고 말할 수 있을 거예요.

그러면 **미래학**은 무엇일까요? 미래연구는 과학적인 방법을 사용한 체계적인 학문입니다. 이를 미래학이라고 부르고 인류의 생존과 발전을 위한 정책학이라고 말할 수 있을 겁니다. 미래에 대한 예측은 삶을 전망하는 기초입니다.

그러나 아직도 논란이 멈춘 것은 아니에요. 예언의 한 종류일 수 있는 사주팔자, 점성술도 통계학이라고 해서 과학적인 수치와 데이터를 제공한다는 학자도 있거든요. 일반론이라고 말하기는 힘들지만요.

아무리 생각해도
그건 잘못 됐는데

프랑스 혁명
공권력의 남용

■□■□

　　　　　　고칠이가 대학에 입학한 때는 말

그대로 공부는 뒷전이고, 데모가 학교안팎 곳곳에서 일어났다. 정

말 어수선했다. 학교공부하기 싫어하는 고칠이로서는 더할 나위

없이 좋았지만, 그래도 해외 배낭여행도 하는 낭만적인 대학생활

은 누리고 싶었다.

　가끔은 데모만하는 학생들이 싫었다. 그들은 자신의 도덕성은

아랑곳 하지 않고 말끝마다 민주적인 학교와 나라를 원한다는 말

을 했다.

과거 18세기 유럽은 절대군주의 억압으로 많은 사람들이 고통속에 있었어요. 당연히 경제적으로도 빈곤했고요. 프랑스왕권은 루이 14세가 완성한 절대주의 체제로 국민 위에 군림했던 거예요. 성직자들과 귀족만이 특권계층을 가졌고요.

이들 왕권과 특권계층은 국민 90% 이상을 차지한 평민층의 근로와 납세에 기생하며, 우아하고 귀족적인 삶을 살았던 거죠.

한마디로 이처럼 구제도의 모순이 가장 컸겠고, 국가경제 사정도 악화되었어요. 이 뿐이겠어요. 프랑스 국민들은 관습과 전통의 맹목적으로 답습하지 않는 계몽사상에도 영향을 받았죠.

결국은 1789년–1794년에 걸쳐서 **프랑스의 시민혁명**이 일어났어요. 모든 사람이 자유와 평등한 권리를 얻기 위해 일어난 혁명이었습니다. 프랑스 인권 선언문 제1조가 이를 잘 말해 줬어요.
'인간은 권리에 있어 자유로우며 평등하게 태어나고 생존한다.' 입니다.

그러나 프랑스 혁명후 영국의 버크(E. Buke)가 보수주의라는 이데올로기를 내걸고 급진적인 변화에 제동을 건 겁니다. 왕과 귀족들이 과거질서를 옹호하도록 하는 사상을 제공해 준 것이지요.

프랑스의 봉건제도는 막을 내렸으나, 유산계급(부르주아지)이 정치경제를 장악했고, 선거도 제한선거로서 프랑스 혁명에 앞장 선 농민과 노동자에게는 선거권이 없었고, 유산계급만이 선거권을 갖고 있었어요.

우리 사회도 마찬가지였습니다. 1980년대는 군부독재가 팽배했었죠. 문민정부가 왔어도 그 잔재는 남아 있었어요. 그래서 특히 대학생들은 소위 '데모'를 했었죠. 그런데 고칠이 말대로 끊임없는 개인의 도덕성에 대한 의문과 애국심, 혹은 이상향에 대한 지표가 서로 너무 달라 학생운동하는 세력들 사이에도 많은 갈등이 있었던 것은 사실입니다.

그러다 보니 보수주의로 회귀하는 이들도 있었답니다. 때로는 종교운동, 시민운동, 더 나아가 현실정치에 참여하기도 했었죠. 아직도 진보와 보수의 갈등은 여전히 남아 있고, 이를 대변하는 언론사도 서로 대립적인 양상을 띠고 있답니다.

고칠이는 빨리 아침밥을 챙겨먹고 평소처럼 학교를 향했다. 학교가 멀어서 서두르는 편인데, 오늘 따라 길이 더 막혔다. 멀리 교문이 보였다. 복식 호흡하며 뛰었다. 지각인 것 같았다. 이번에도 지각하면 다섯 번째라서, 문 열고 들어가기가 창피할 정도였다.

그런데 이게 또 뭐냐. 교문 입구에 전경들이 쭉 줄서서 막무가내로 학생들의 가방을 일일이 열어보며 검열하고 있는 게 아닌가. 완전 지각이다. 뛰어도 늦을 판인데, 천천히 엉금엉금 걸어서 줄설 수 밖에 없었다. 오늘은 고칠이 말고도 다른 많은 학생들도 지각할 것이 뻔했다.

고칠이는 혼자 또 지각할 거라는 창피함이 안도감으로 바뀌었다. 그것도 잠시, 고칠이는 지각에 대한 가치 판단을 잊은 듯, 좀 정신을 가다듬고 이 상황을 생각해 봤다. 고등학교에서도 이런 일이 일어나면 학생들의 빈축을 사기도 하는데, 이건 대학에서조차 가방검열이라니, 말도 안 되는 일이 그의 눈앞에서 행해지고 있는 것이었다.

고칠이는 대학교수들이 교문 앞에서 학생들의 가방을 검열한다면, 기분은 나쁘지만 그래도 교육차원에서 그럴 수 있겠다는 생각은 들었다. 하지만 완전히 이방인이 와서 가방을 검열한다는 건 말도 안 되는 일이었다.

고칠이의 마음이 통했나. 그 바로 앞에서 대학 졸업반처럼 될 법한 나이든 선배 한명이 가방을 검열하겠다는 전경에게 반항하고 있는 게 아닌가. 가방 속을 보여주지 않겠다는 것이다. 갑자기 머리에 피도 안 말라 보이는 전경이 그 선배를 확 잡더니, 경찰 기동대버스인 닭장차로 데리고 가는 게 아닌가. 그 주위의 학생들은 몸만 움츠리고 아무도 저항할 기색이 안 보였다.

고칠이도 무서웠다. 순수히 고칠이는 전경에게 가방을 훤히 보여주고, 무사히 교문 앞을 통과했다. 고칠이는 하도 그 선배가 어떻게 됐는지 궁금해서 뒤돌아 보면서 학교정문을 지나 갔는데, 그 선배는 닭장차에 들어가서 나올 기색이 안 보였다. 궁금했다. 과연 그 선배는 어떻게 되었을까.

고칠이는 그 후 신의 장난이었을까. 전경으로 착출되었다. 드라마같은 일이었다. 고칠이는 전경으로 군복무를 하면서 수없이 많은 대학분규와 데모를 진압했다. 백골단으로 착출됐을 때는 아무생각도 없었고, 백담사에서 동료들이 산 개구리를 통째로 입에 넣어 먹는 모습을 보고 있노라면 지독히 힘들고, 가만히 맨정신으로 있긴 어렵다는 생각에 잠기곤 했다.

군대를 늦게 지원해 구로사태까지 진압했던 고칠이가 서울 신촌사거리에서 데모 진압할 때는 '동생과 우연히 마주치지 않을까.'고민한 적도 여러 번 있었다고 한다. 동생은 서울 Y대학을 다녔는데, 동생의 한 손에 전경에게 던질 뾰족한 돌이 있다고 생각하면 눈앞이 아찔했다.

극단적으로 표현하면 완전 가족간의 동족살상이 아닌가. 다행히 전경복무를 마칠 때까지 동생과는 부딪힌 일은 없었다. 당시 많은 학생들이 데모에 참여했기 때문에 이 같은 일을 배제하기는 어려웠다.

나중에 안 얘기인데, 공부밖에 할 줄 몰랐던 고칠이 동생은 당시 Y대 총학생회 일을 도와주었고, 전경에게도 돌을 던진 적이 있었다는 거다. 다행히 고칠이와 동생은 서로 칼을 겨누듯 마주치지는 않은 것이다. 이번엔 파란 저 하늘이 도와준 셈이다.

고칠이는 학창시절 가방검열을 거부해서 닭장차에 올라탄 그 선배가 어떻게 되었을지 이젠 알겠다고 말한다. 딱 하나다. 엄청 전경들에게 맞았겠지.

국가나 공공기관이 우월한 의사주체로서 국민에게 명령하고 강제할 수 있는 권력을 공권력 이라고 해요.
따라서 경찰, 검찰 등의 정부기관은 이 같은 공권력을 갖게 되죠. 사회안정과 치안이 주목 적이라고 합니다.

그러나 공권력을 행사하는 경찰 등이 공권력을 정당하게 사용하지 못하는 경우를 공권력 의 남용이라고 해요.

경찰관의 집무집행법에 의거, 전투경찰(전경)이 아무리 사회안정과 치안을 위한다고 해도 사전에 가방검열에 대한 이유와 소속 및 관등성명을 말하고 실시해야 하는데도 학생들의 가방을 막무가내 검열한 것은 공권력의 남용에 해당될 듯 싶네요. 가방검열 등은 불심검문 에 해당돼요.

이것은 개인의 인권 유린에 해당되고, 가방검열을 받는 당사자는 불심검문을 거부할 수 있 는 충분한 사유가 됩니다.

그만두고 싶은
학창시절

서양의 인간관
동양의 인간관

■□■□

　　　　　　　　　고칠이는 전경복무를 마치고 대학
3학년으로 복학했다. 가뜩이나 머리에 자신이 없었는데, 거의 3년
이라는 긴 세월을 책 한 권 못읽어 보고 대학공부를 하려하니 정
말 앞이 캄캄했다. 고칠이는 그 후부터 어떻게 졸업을 해야할지
난감해 했다.

　　교양수업으로는 도저히 이해하기도 힘든 마르크스 베버 등을
거론하는 철학수업이 진행됐고, 보고서를 어떻게 써서 내야할지

난감했다. 동생에게 맡겨볼까. '동생은 철학 사회과학 서적 등을 많이 읽어서 식은 죽 먹기일거야, 이것쯤은.' 그런데 보고서는 그렇다쳐도 시험이 문제였다. '대리시험을 치루게 했다가는 퇴학감이고.'

고칠이는 군대를 제대하고 오더니 이젠 정의감은 거의 사라졌나 보다. 어떻게 해서든지 수단과 방법을 가리지 않고 졸업할 생각만 하니 말이다. 하루 이틀 미로게임같은 학교공부가 진행되었다. 고칠이는 정말 자신없어 했다.

전공인 경영분야는 전혀 모르겠다는 거다. 프로그래밍 언어도 공부해야하는 경영정보분야는 고칠이의 아이큐 77로는 역부족인 것인지, 아니면 3년이라는 군복무의 후유증인지 감조차 잡을 수가 없었다.

고칠이는 급기야 대

학공부를 포기해야겠다는 생각이 계속 연이어졌다. 먼저 동생한테 상의해서 엄마에게 말해야겠다는 결심을 굳혔다.

밤 12시에 고칠이는 23도 소주에 취한 채 동생을 불러냈다. 고칠이는 술의 힘으로 대뜸 동생한테 학교를 그만두겠다고 동네가 떠나가도록 소리쳤다. 동생은 정말 웃긴 놈이었다. 눈하나 깜짝 안하고 차근차근 말하는 거다.

동생은 이런다.

"형 내가 도와줄테니, 그냥 다녀. 문제는 중간 기말고사 시험인데, 수업시간에 무조건 교수님이 말하는 거 다 적어와. 형은 그러면 돼."

고칠이 동생의 답은 아주 간단했다. 수업시간에 들은 거 다 적어오면 된다는 거였다. 엄청 쉬어 보였다. 동생의 아이큐는 거의 고칠이의 두 배처럼 보였다.

고칠이는 고등학교때 수업내용을 정리하며 공부했던 방식이 생각난듯, "정말이냐?" 는 말만 할 수 밖에 없었다.

고칠이 동생의 인간관은 아마도 이성을 강조한 **서양의 인간관**에 가까울 듯 싶어요. 이성 중심적으로 생각해보면, 능히 고칠이 형은 쉽게 대학을 졸업할 거라는 생각이 들거든요. 시험볼 때 최소한 선생님(교수)이 가르친 내용을 외워서 쓰면 되거든요. 너무 쉬워 보이나요?

이처럼 서양의 인간관은 동물은 본능에 따라 욕구를 충족하지만 인간은 이성으로 욕구를 억제할 수 있다는 거예요. 그래서 인간은 이성중심으로 모든 문제를 해결할 수 있다고 봤고, 이 발상이 합리주의적 인간관으로 바뀌게 됩니다.

합리주의적 인간관은 이성을 도구로 해서 자연까지 정복할 수 있거든요. 그리스도교의 인간관이 곧 서양의 인간관이라고 볼 수 있는데, 이 종교도 인간이 자연을 이용하고 정복할 수 있다고 봤습니다.

고칠이는 산전수전 끝에 대학을 졸업했다. 한마디로 편하게 졸업할 수 있듯이 말한 동생에게 사기당한(?) 것이다. 동생이 한 일은 많아 보이지 않았다. 동생 말로는 자신도 힘들었다는 데 전혀 힘들어 보이지 않았다. 고칠이가 수업시간에 적어 온 내용을 암기하기 쉽게 정리해 주었고, 그것을 외우게 닥달한 것이다. 정말 밤새워서 계속해서 외웠다. 고칠이에게는 정말 올빼미 하나 없어 보이는 어둡고 고통스러운 밤이었다.

동양의 인간관은 크게 유교, 불교, 도교의 인간관으로 나뉩니다. 유교인간관은 학문 수양을 통해 지속적인 자기반성의 과정인 수기와 수양을 해서 성인 군자가 되는 것이지요.

유교에서는 학문의 수양처럼 자기를 억제하는 노력을 지속하면 동물적인 욕구를 이길 수 있고, 선한 본성을 지킬 수 있다고 보는 겁니다. 그래서 유교를 윤리적인 인간관이라고 해요.

불교에서는 인생의 과정을 고통이라고 봅니다. 생로병사로 나타나는 인생에 너무 집착하기 때문에 고통을 느낀다는 거죠. 고통의 원인을 깨닫고 집착을 버리면 편안한 삶을 살 수 있다는 겁니다. 이에 따라 불교의 인간관은 인생론적 인간관이라고 합니다.

도교는 인간을 자연속의 존재로 봅니다. 인간이 자연의 흐름에 맞게 사는 것을 이상적인 삶이라고 보는 거죠. 도교는 무위를 실천하는데, 무위라는 것은 규범에 따라 행하는 게 아니고 인위적인 것을 거부하고 자연성을 회복하는 모습입니다. 도교의 인간관을 자연적 인간관이라고 부릅니다.

고칠이는 도교의 무위를 실천하는 인간관을 좋아했을 듯 싶네요.

그럼에도 고칠이는 동생이 고마웠다. 만일 그때 동생이 아니었다면 대학공부를 도전도 못 해보고 그만두었을 것이다. 당연히 머리 좋은 동생도 나름대로 삶의 고민이 많았는지, 큰 걱정거리를 갖고 고칠이를 찾아왔다. 그럴 때면 고칠이는 성심성의껏 조언을 해줬다. 아무리 가족이라도 오고가는 정이 있어야 사랑이 싹트는 법인가 보다.

고칠이방에는 덩그러니 학사모를 쓴 어정쩡한 졸업사진이 하나

걸려있다.

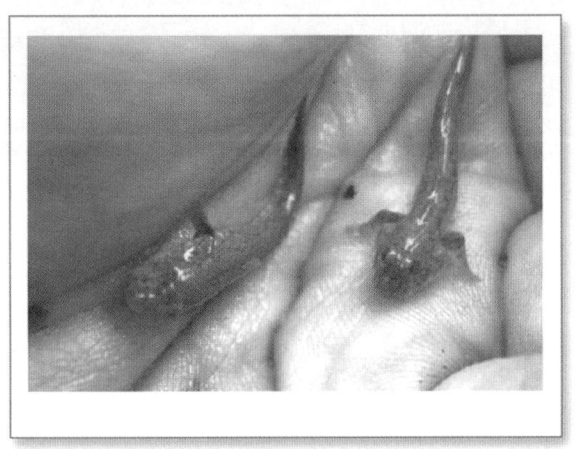

아빠의
사업실패

전통사회덕목
민주사회덕목 조화
신유교윤리 '아시아적 가치'

■□■□

　　　　　　　　고칠이네는 돈버는 사람이 아빠밖
에 없다. 엄마는 유복한 가정에서 태어나셨고, 교회 봉사랑 살림
만 해오시던 분이라서 돈과 관련해 일해 본 적은 없으셨다. 고칠
이의 누나는 고등학교 3학년 때 대학입학에 대해 너무 집착한 나
머지 건강을 잃어, 그 이후로 일 보다는 건강을 회복하려는 데에
만 모든 노력을 다 쏟고 있었다.

　남들이 보면 정말 갑갑한 집안이었다. 고칠이 동생은 학교 공부
하며 미래를 준비하느라 정신이 없어보였다. 고칠이도 대학을 갓

졸업한 후라 일자리를 찾아야만 했다. 공부를 동생처럼 더 많이 할 생각도 없고, 또 굳이 공무원 등의 준비를 할 이유도 못 찾았다.

　고칠이의 선택은 좋은 회사, 안정된 회사에 취업하는 거만 남아 있는 셈이다. 더욱이 고칠이는 장남인지라 집에 대해 어깨가 더욱 무거웠다. 그로서는 자신과 집을 위해 회사에 취업하는 게 최상의 선택이었던 것이다.

논술배경지식 ◆ 사회학습 coach
전통사회덕목과 민주사회덕목 조화

고칠이의 가정 분위기까지 고려한 선택은 '조화' 라는 단어를 연상케 합니다. 만일 고칠이가 조화라는 것을 생각하지 않았다면, 고칠이의 가정이 행복하게 될 거라는 보장은 없어질 것입니다. 고칠이는 나름대로 조화를 최상의 덕목으로 보았던 것입니다.

아마도 미래사회의 인격은 이처럼 조화를 중시하는 거겠죠. 더욱이 사회적으로 봤을 때, 전통적인 덕목과 민주사회의 보편적인 덕목을 조화시킨다면, 미래사회의 여러 갈등과 문제들은 쉽게 해결될 것입니다.

전통사회의 덕목은 절제, 자연친화성을 강조하다보니, 자원부족 자연파괴에 대한 해결책으로 적합해요. 민주사회의 덕목에서는 공정성, 정직 책임의식을 강조하다보니 사회나 타인에게 피해를 쉽게 주지 않겠죠.

이 같은 전통사회덕목과 민주사회덕목을 조화시킨다면, 훌륭한 개인과 사회가 될 거라고 봐요.

그런데 고칠이 아빠는 작년과 달리 항상 어깨가 축 늘어져 보였다. 우리 가족은 '이젠 아빠도 연세가 드셔서 그러겠지.' 하는 안이한 생각으로 아빠를 바라보았다.

아빠는 며칠 지나 또 다른 모습을 보여주셨는데, 주량이 한두 잔밖에 안 되는 소주나 전통주를 거의 한두 병이나 드시고 들어오신 게 아닌가. 우리 식구는 뭔가 심상치 않다는 생각이 그 순간 들었다는 거다. 특히 엄마가 더 깜짝 놀라셨는데, 그 다음 날 엄마는 아빠랑 뭔가 깊은 대화를 나누시더니, 엄마가 눈시울을 적시며 방문을 열고 나오셨다.

눈가에 눈물이 고인 채 엄마는 고칠이보다는 동생을 불러 긴 대화를 하셨다. 엄마는 고칠이에게 말하면 가뜩이나 장남인데 더 부담돼서 의기소침할까 봐 동생을 불러 사태를 해결하려고 했다는 거다.

아빠가 '부도위기' 라는 것이다. 아빠가 조금은 사업을 크게 해보려고 욕심낸 게 화근이 되었다는 거다. 가뜩이나 우리 사회 경기도 안 좋은데, '엎친 데 덮친 격' 이었다.

동생은 엄마의 이런 말을 듣고도 동요하는 기색이 전혀 없었다. 진짜 웃긴 녀석이었다. 동생은 처음엔 건방져 보였다. 그래도 동생을 보고 있으면 마음의 안정은 되었다. 고칠이는 내심 이런 생각을 했다는 것이다. "너가 장남이어 봐라, 이 일이 얼마나 심각한지 알거다."

그런데 후에 안 얘기인데, 고칠이 동생은 남몰래 모아 놓은 돈이 좀 있었나 보다. 아빠가 부도 위기에 있을 때, 이자 빚을 막아 주었다는 것이다. 그러다가 동생도 결국은 포기하고, 어쩔 수 없이 아빠는 부도처리한 후 집도 저당 잡혀 넘어가게 되었다.

그리고 나서 동생은 두 번째 자신이 모아놓은 자금을 풀었다. 동생은 어떻게 해서 학교 다니며 돈을 모았는지 신기할 정도다. 비결은 또 나중에 알려진 것인데, 학교 다니면서 영어번역 등 닥치면서 안 해본 일이 없을 정도로 거의 모든 아르바이트를 다해 봤다는 거다.

동생은 아버지께 대학을 마치고 미국 예일대학이나 미주리대학 등으로 유학가겠다고 했는데, '너가 그건 알아서 하라.' 는 말을 듣고, 유학비용을 꾸준히 모았다는 거다. 목표만은 확실한 녀석이었다.

아빠의 예기치 못한 부도로 안타깝게도 동생은 유학은 못 가게 되었고, 눈물 같은 동생의 비자금 보탬 덕분으로 새 집으로 이사 가게 되었다. 새로 이사간 집은 이전 집 보다는 비좁아 보이고 작았지만, 가족들이 서로 흩어지지 않고 다시 새롭게 시작하기에는 동화속에서나 나오는 통나무 집처럼 너무 아늑한 집이었다.

그때 고칠이는 '빨리 취업해서 아빠를 도와야지.' 하는 마음이 강하게 일어났다. 정이 많은 효자다, 고칠이는.

신유교 윤리라고 불리우는 '아시아적 가치'란 용어가 있어요. 이 용어는 한국 홍콩 타이완 싱가포르 등의 유교문화가 국가 경제발전의 원인이 됐다는 의미를 간직하는 말이에요.

즉, 아시아적 가치는 공동체주의 가족주의 사회적 도덕성 책임성 등을 핵심가치로 두고 있는 데, 아시아적 가치의 영향으로 동양회사들은 서구의 개인주의적인 기업문화와 달리 가족적인 기업문화를 형성했다는 것이죠.

이에 따라 동양의 회사원들은 서로 가족처럼 여기고 회사를 위해 헌신적으로 일해 서구와는 다른 방식의 경제발전을 이룩했다는 의미입니다.

고칠이의 강한 가족주의적 입장이 우리 사회 기업문화에도 영향을 주고 있다는 거예요. 이같은 장점은 서구 기업문화에 대안이 될 수 있을 겁니다.

그러나 부정적인 측면도 없지 않은 건 아니에요. 이로 인해 파생된 정경유착, 뇌물관행, 연고주의 등이 경제발전을 더디게 하는 건 아닌지요.

고칠이는 용기를 내어 수소문 끝에 결국 알게 되었다. 아이큐 77. 참담했다. 중학교 때보다 5나 떨어진 데다가, 반에서는 거의 바닥이었다. 고칠이의 별명과 너무 똑같아 미칠 지경이었다.

선생님은 적성검사로만 말씀 하시는 것 같았다. 기술직이 나을 듯 싶다고 조언해 주셨다. 선생님께는 정말 감사드렸다. 고칠이의 마음을 위로해 주셨고, 상처를 주지 않았기 때문이다. 그런데 지금부터는 누굴 걱정할 처지가 못 되는 자신의 삶이 큰 고민이 됐다. 마치 우연한 사고로 눈 하나 잃어서 어떻게 살아야 할지가 막막하게 된 것처럼 말이다.

An Infant Model, Min-young, Lee © 2006

D 광고기획사 취업,
그 후 '부도'

공정성과 연고주의
이상사회

■ □ ■ □

이젠 고칠이가 돈 벌 차례가 됐다. 고칠이는 학창시절 아르바이트 한 건 단지 육체노동, 흔히 '노가다' 였다. 다른 일은 사실 해 본 적이 없었다. 다른 학생들은 번역, 학원강사 등 다양한 아르바이트를 한 것으로 알고 있었다.

그러나 고칠이는 숯불구이 집에서 서빙한 것과 공장에서 짐 나른 것, 한마디로 몸써서 일한 거라서 과연 고칠이가 사무직, 영업관리 등의 기업 일을 할 수 있을지 의문이 갔다.

고칠이가 처음으로 취업한 곳은 S식품 회사였다. 직종은 영업관리였다. '영업이라서 몸으로 움직여서 하면 되겠지.'라는 고칠이만의 기대감을 가졌다. '이젠 아빠를 편하게 해드릴 수 있겠구나.'라는 생각을 하고 아빠께 취직했다고 미소를 머금고 자랑스레 전해드렸다.

그런데 아빠는 "그 회사 아는 분이 있는데⋯."하시면서, 고칠이 생각도 물어보지 않으셨다. 결국 고칠이는 아빠의 정치적인 부드러운 입김으로 영업관리가 아닌 채권관리부로 옮겨지고 말았다. 아빠는 사업을 좀 하신 분이라서 여러 회사의 윗분들을 아시는 모양이었다. 아빠는 S식품회사는 큰 회사이고 거기에서 잘 견디면, 나중에 더 좋은 곳으로도 갈 수 있을 정도로 경력을 인정받는 곳이라고 말씀하셨다.

공정성은 민주사회의 정의를 지키고, 질서를 유지하기 위한 필수 덕목입니다. 공정성은 옳고 그른 것 등을 판단하는 객관적이고 중립적인 입장인 거죠.

만일 대학입시나 취업할 때 같은 학교를 나왔거나 고향사람이라고 해서 뽑아준다면, 공정성이 결여됐다고 말할 수 있어요.

그러나 무조건 공정성이 옳다고는 볼 수 없답니다. 공정성의 반의어로 쓰이는 **연고주의**가 있어요. 연고주의는 자신과 관련있는 사람을 중시하는 태도입니다.

다시 말하면, 학연 지연 친척과 같은 혈연 등을 중시하는 것을 말합니다. 부정적인 측면이 많겠지만, 한 집단의 결속을 강화할 수 있다는 측면에서는 긍정적인 측면도 있어요.

따라서 언론사 등 직원 채용시 무조건 공정성을 앞세워 연고주의를 무시하고 뽑을 수는 없을 겁니다.

어렵게 보이는 채권관리부, 근데 그건 뭐하는 부서일까. 고칠이는 머리 좋은 사람들이 일할 것 같은 그 부서에 배치된 것이다. 엘리트처럼 보이는 팀장이란 분이 고칠이에게 다가왔다. 1천 페이지가량 돼 보이는 두꺼운 민법책을 한 권 던져 주시더니, 이거 공부해야 채권관리 일을 할 수 있다고 하는 거다. 그러면서 좋은 인연이 됐으면 한다고 여운을 남겼다.

직장 초년생이라서 뭔지 모르겠지만, 민법 같은 거 공부하기 싫어서 졸업하자마자 빨리 서둘러 영업부서 뽑는 이 회사에 취업했는데, 이게 뭐람.

고칠이는 적은 양의 메모리만 저장되는 자신의 머리가 아프기 시작했다. '내 아이큐 77. 과연 이걸 내가 이해할 수 있을까. 운 좋게 여기까지 왔는데, 내 머리가 따라 줄 수 있을지.' 라는 생각이 들었다. '그래도 견뎌야지. 우리 집을 생각해야지. 갈수록 집이 어려워지는데.'

그런데 긴 여행 끝에 중고차 엔진에서 나는 소리처럼 고칠이 머리 속에서 '찍찍'하는 '쥐새끼' 소리가 났다. 그리고 한 달은 견뎠다. 월급명세서를 받았다. 으악! 쥐꼬리다.

'어떡하지. 민법 공부도 힘들고, 거기에다 쥐꼬리 월급. 아빠한테는 미안하지만, 월급이 적다고 하고,

회사 그만두자. 민법도 정말 쥐나고, '쥐쥐'의 연속이잖아.'

　고칠이는 자기를 이해하지 못하는 아빠의 원망의 눈빛을 받은 채, 결국 졸업과 함께 취업한 첫직장을 그만두고 말았다. 그래도 속은 시원했다. "민법아, 안녕."

　그 후 공무원 준비나 대학원 진학 등은 싫어 다시 곧바로 취업한 곳. 그곳은 L음료회사이다. 그래도 예전 직장 보다는 월급은 좀 더 줬지만, 마치 슈퍼마켓 관리하듯 물건 값을 계산하면서 매장관리를 하는 고칠이 모습이 스스로 지쳐 보여서 여기도 그만두고 말았다. 남들은 모를 것이다. 물건값 계산이 고칠이에겐 얼마나 곤욕스러웠는지.

　이 회사 지점장이 말하길, 고칠이가 식품을 진열하면서 식품목록 종이를 한 손으로 꾸기고 있었다네.

　세 번째로 취업한 곳은 D광고기획 회사다. 엄청 멋진 곳이 아닐까. 혹시 멋진 연예인도 보는 거 아닐까. 어흠.

한 달동안 광고를 배우면서 일했다. 광고문구 작성하는 것이 가장 주된 일이었다. 남들은 재밌다고 하는데, 고칠이는 머리 뽀개지는 일이라며, 또 다시 언제 그만둘까 그러고 있었다. 그런데 한 달 일한 월급이 통장으로 안 들어 오고 있는 거다. 이건 또 뭐야. 일했으면 돈을 줘야되는 것 아닌가.

회사에서 연락이 왔다. 출근하려는 햇빛 찬란한 아침 일찍 말이다. 회사의 한 여직원은 다급한 어조로 "회사가 자금 사정이 어려워서 부도 처리될 것 같다."는 간단한 말 한 마디를 남겼다. 광고회사에 취직했다고 했을 때, 우리집 식구 다 기뻐했는데, 결국 아빠처럼 부도를 맞은 회사에 취업한 것이었다.

부도. 정말 고통어린 말이다. 이렇게 힘든 세상, 누가 고칠이를 위로해 줄까.

동양에서는 **이상사회**를 정의내릴 때, 공자는 대동(大同)사회, 노자는 소국과민(小國寡民)사회로 제시했어요.

대동사회는 모든 사람이 서로를 가족처럼 여기는 공동체를 말하고, 소국과민사회는 '작은 나라에 적은 국민(백성)'이라는 뜻으로 문명의 발달이 없고 무위와 무욕의 이상사회를 뜻합니다.

서양에서는 플라톤이 지혜로운 사람, 즉 현명한 철학자가 나라를 다스려야 한다고 했고, 루소는 직접 민주주의에 의해 스스로 다스리는 사회를 이상사회로 제시했어요. 또한 그는 빈부의 격차가 생길 경우 빈부의 차이가 없는 소농으로 이뤄진 민주적 이상사회를 주장했어요.

마르크스도 각자의 능력에 따라 일하고 필요에 따라 분배를 받는 평등한 사회를 **이상사회**로 제시했어요. 바쿠닌은 국가 권력기관의 강제수단을 철폐하고, 정부나 국가의 존재를 부정하는 무정부주의를 말했어요.

한마디로 이들은 이상사회 조건을 '공평한 경제제도' '기본적인 권리와 자유보장' '다양한 삶의 양식을 인정하는 관용적이고 다원적인 사회'를 말한 거겠죠.

고칠이도 아마 이상사회 조건으로 자신의 입장을 인정하고 포용해 주는 다원적인 사회와, 부도없는 경제적인 공평한 사회를 원했을 겁니다.

교사로
취업하다

■□■□

　　　　　　　　고칠이는 광고회사를 어쩔 수 없이 그만두고 한두 달을 집에서 이리저리 빈둥대며 지냈다. 아마도 이때 몸무게가 어림잡아 5-10킬로그램은 늘었을 듯 싶다. 몸이 왠지 무겁고 그랬으니깐 말이다.

　아빠는 고칠이의 모습을 보고 항상 안타까워 한숨만 연이어 몰아쉬셨다. 엄마는 해도 안 되는 고칠이의 모습이 불쌍해 보이셨는지 자주 신선한 사과나 배를 깎아서 위로해 주시곤 하셨다.

고칠이는 너무 놀아서 엄마 보기에도 이젠 미안했는지 "엄마 제가 알아서 먹을게요." 하며 잔뜩 움츠러 들었고, 얼굴은 근심으로 뒤덮여 진한 어두운 갈색빛으로 보였다. "앞이 안 보여."라는 말만 가끔 고칠이 자신도 모르게 내뱉었다.

고칠이는 혼란스러워 했다. 이렇게 하다가는 폐인이 되겠다며, 길거리에 널려 있는 지역정보지의 구인광고를 뒤적거렸다. 아빠도 고칠이의 앞길이 걱정되셨는지 이리저리 알아보시고 있는 듯했다. 아빠는 며칠이 지나 약간은 미소를 머금고 집에 성큼성큼

들어오셔서 먼저 고칠이를 목청껏 부르셨다.

아빠는 "친구 딸이 있는데, 그 딸이 D학습지 회사에서 교사로 학생들을 가르쳐서 3년만에 큰 평수의 아파트 한 채를 샀다. 고칠이 너도 그 회사에 들어가라."고 명령하시는 거다. 그때 만큼은 아빠의 눈이 고칠이의 눈속으로 매섭게 들어오셨고, 아빠의 손은 어느새 고칠이 어깨를 토닥이셨다.

고칠이는 아빠의 말씀이 떨어지기 무섭게 "제가 학생들을 가르치라고요?" 하며, 반색하는 모습을 보였다. 고칠이가 지금까지 지내 온 모습을 보면 학생들을 가르친다는 것은 말도 안 되는 거였다. 수리 외국어 등을 아직도 배워야 할 고칠이가 교사가 된다니, 오줌 누며 지나가는 개도 웃을 정도라는 거다.

그러나 아빠는 고칠이의 생각에 동의하지 않는 눈치였다. "고칠이 너도 배우면서 가르치라."는 짤막한 무게 실린 말씀만 남기시고, 아빠의 손은 고칠이 어깨 위에서 사라진지 오래다. 아침에 다시 얘기하자는 식이셨다.

아빠는 정말 냉혈인간 같았다. 고칠이는 '아파트 사는 것'도 좋지만, 하루도 못 견디고 그만둘 회사로 보였다.

그런데 고칠이 동생이 뭔가 알아봤는지, 이러는 거다. 아빠가 말씀하신 그 회사가 신문도 내고 있고 케이블 방송사도 있는 우리나라 재계 10위 안에 드는 회사라나 뭐라나. 또 학생들을 1-2시간씩 가르치는 게 아니고 관리만하면 된다나 뭐라나. 동생은 한마디로 수학의 인수분해 정도 할 줄 아는 고칠이 형도 잘 해낼 수 있다는 긍정적인 평가를 내놓았다.

밤새 잠하나 못 잤다. 결론은 아침에 일어나서 갈 곳도 없는데, 아빠랑 동생 믿고 가보기로 했다. 처음에는 그 회사에 출판분야, 교육분야 중에 망설이다가 결국은 직원교사로서 여러 관문을 뚫고 어렵게 취업하게 됐다. 학생들을 가르치는 인자한 교사로서 말이다.

공부도 하기 싫어하는 고칠이가 교사가 됐다고 누군가가 뒤에서 막 웃고 있는 듯한 느낌이 들었다. 이젠 어디로도 물러날 수 없

는 상황이었다. 집안도 어려워졌고, 고칠이의 앞길도 보이지 않았

기 때문이다.

세상의 모든 일은 무수한 원인에 의해 결과로 이끌어져요. 이러한 사상을 **'인연'**이라고 하죠. 여러분들도 다 아시다시피, 주변에 있는 친구나 부모님 모두 다 하늘이 맺어준 인연으로 이뤄진 사이 아닐까요.

고칠이는 자신이 정말 가기 싫어했던 공부와 관련 된 일과 인연이 되는 순간인 거예요.

인연사상은 연기설이라고 부르는데, 세상만물이 모두 연결되어 있어 내 자신 뿐 아니라 자연만물, 즉 모든 생명도 중요하다는 거겠죠.

불교에서는 이 인연사상과 관련되어 삼법인과 사성제가 있습니다. 삼법인은 세상의 모든 현상과 존재의 참 모습을 제행무상(모든 것은 항상 변한다), 제법무아(고정된 실체가 없다), 일체개고(인생 그 자체가 고통과 번뇌이다)라고 규정했어요.

사성제는 현실세계와 이상세계에서 나타나는 원인과 결과를 말하는데, 고제(집착으로 인해 생노병사라는 괴로움이 생기는 것), 집제(집착하는 것), 멸제(집착과 탐욕을 없애는 것), 도제(열반에 이르는 수행방법)가 있어요. 이 가운데 고제와 집제는 현실세계의 결과와 원인이고, 멸제와 도제는 이상세계의 결과와 원인이라고 말해요.

정말 고칠이는 학창시절보다 더욱 더 열심히 공부했다. 거의 주

말은 집근처 시립도서관에서 살다시피했다. 수리 뿐 아니라 언어

외국어 모두 소화해내야 학생들에게 웃음 거리가 되지 않을 것 같

앗다. 고칠이로서는 주변의 여건상 어쩔 수 없이 교사로서 삶을 걸어야 했기에, 이 정도 고생은 겪을 수 밖에 없는 거로 판단돼서다.

고칠이가 교사가 될 거라는 건 아마 하늘에 계신 하느님도 몰랐겠지.

하느님 왈, "하하, 다 알고 있었노라."

동양의 생각은 유교 불교 도교를 보면 알 수 있어요. 그리고 **서양의 생각**은 기독교를 보면 알 수 있고요.

동양의 생각은 서양의 기독교와는 이 부분이 다를 것 같아요. 서양의 기독교에서 구원은 여러 입장이 있겠지만, 공통적으로 절대자의 몫으로 봐요.

그러나 동양의 생각은 기독교의 구원개념으로 군자 보살 진인 이라는 것을 들 수 있는데, 이러한 것들은 모두 인간이 어떻게 하느냐에 달려 있어요.

따라서 동양은 인본주의적이고, 생명존중, 자연과 조화, 선악에 대한 엄격한 기준을 갖고 있어요. 개인의 수양을 강조하게 되고 일상생활에 지혜를 줍니다. 공자의 덕치사상, 맹자의 왕도정치와 개혁사상, 순자의 예치사상 등은 현실에 이러한 사상들을 적용했어요.

항상 무서워
달아나고 싶어

중용
귀납법과 연역법

■□■□

　　　　　　　　　직원교사는 학생들을 가르치기도
해야 하고 재미없어 보이는 딱딱한 사무일도 함께 병행해야 했다.
처음에는 학생들만 가르치면 되겠지 하고, 밤새워 공부도 했지만,
그것만으로 되는 건 아니라는 걸 뒤늦게 깨달은 셈이다. 갈수록
일이 태산같이 많아질 것 같았다.

　　급기야 이런 일도 있었다. 교사일을 하겠다고 와서 한두 달만에
그만둔 이들도 많았다. 이렇게 중간에 그만두게 되면, 이 일의 뒷
수습은 모두가 다 직원교사의 몫이 됐다. 고칠이의 몫이 된 것이

다. 고칠이로서는 늙은 거북이처럼 일해야 했고, 정말 곤욕스러웠다.

거기에다가 학부모님과 상담을 잘 해야 하는데, 일반적인 학부모님만 있는 게 아니라서 때론 답이 안 나올 때도 많았다. 교사로서의 자존심을 상하게 하는 학부모님도 많았다.

심지어는 이런 학부모님도 있었다네. 한 어머니가 "선생님 교육비 받으세요." 라고 하면서, 아파트 3층에서 만원짜리 3-4장을 꼬깃꼬깃 접어 150킬로미터 강속구를 자랑하듯 1층 주차장으로 던지는 게 아닌가. 이때 한순간 지옥과 천국을 넘나든 교사는 "어머님, 감사합니다."라고 말할 뿐.

고칠이는 회사 상관한테 안 좋은 소리 듣고 학부모님한테도 이런 걸 겪게 되면 당장 일을 그만두고 싶은 생각이 들었다.

게다가 학생들이 쉽다고 질문한 걸 대답을 못하면, 교사로서의 자격이 스스로도 의문시되어 이럴 바에야 그만두는 게 낫겠다는 생각이 든다는 거다. 고칠이 자신이 꼭 아이큐가 낮아서 교사일을 회피해야 한다는 생각은 아닐 게다. 회사의 구조적인 문제도 한몫하고 있었다.

논술때경지식 ◆ 사회학습 coach

중용

아리스토텔리스(Aristoteles, 기원전 384-기원전 322)가 중용이라는 말을 사용했다고 하네요. 아리스토텔리스는 플라톤의 이상주의를 비판하면서 현실주의를 주장한 철학자로 유명하죠.

선을 알면 선을 행할 수 있다는 논리(주지주의)를 비판했어요. 선을 아는 것만으로는 부족하고, 선을 실천하는 의지가 있어야 선을 실천할 수 있다(주의주의)는 거예요. 유교윤리에서도 추상적이고 이론 중심의 훈고학(경전암기), 성리학(우주근본원리탐구)을 벗어나 참지식은 반드시 행동이 뒤따라야 한다는 양명학과 구체적이고 사실적인 것을 다루는 고증학이 있었어요.

중용은 과도함과 말그대로 부족함의 중간일 겁니다. '만용과 비겁의 중간인 용기라는 말과 오만과 비굴의 중간인 긍지' 라는 말은 중용의 미덕으로 많이 들어본 말일 겁니다.

고칠이에게는 어느 한쪽으로도 치우치지 않으며, 지나치거나 모자람이 없는 중용의 자세가 필요할 듯 싶네요. 현실적인 물음인 거죠. 그러나 고칠이 뿐이겠어요. 회사의 상관, 학부모님에게도 중용의 미덕이 필요할 거예요.

서로 입장을 바꿔서 생각해 본다는 역지사지(易地思之)를 통해 중용의 미덕을 함께 실천해 보자고요.

그래도 고칠이는 꾹 참았다. 그리고 견뎠다. 예전에 겪었던 회사들은 부도가 날 정도로 재정적으로 열악했고, 일로도 못 견디면, 회사를 그만뒀어야 했는데, 이 회사는 사정이 다르지 않은가. 재정적으로 튼튼하고, 일로 못 견디면 다른 지점으로 발령이 나서 그 곳에서 새롭게 열심히 일하면 됐었다.

고칠이의 징크스인지, 아니면 낮은 아이큐 때문인지는 몰라도 이 회사를 완전히 그만둘 때까지 무려 안 가본 지점이 없을 정도로 강한 역마살이 낀 듯, 계속 옮겨다녔다. 일은 한 지점에 오래 있으면 기억해야할 일도 많고, 복잡해져서 고칠이로서는 도저히 견딜 수가 없었다는 거다. 그래서 스스로 다른 지점으로 옮겨달라고 부탁한 적도 많았다.

고칠이는 키에르케고르가 그리 흔치 않은 실존적인 고민에 빠져, 홀로 언덕위에 올라가 하늘에 대고 자신의 마음을 억누르지 않고 표현하곤 했던 게 학창시절에는 이해가 안 됐다네. 그런데 당시 키에르케고르의 모습이 완전 지금의 고칠이 꼴과 흡사했다.

많은 이들이 이런다. 이는 징크스가 아니고, 어떤 환경이나 상황에 얼마나 잘 적응하는 지에 대한 능력이, 곧 아이큐라는 거다. 선, 후천적인 원인으로 인해 지능이 일반인보다 낮은 경우를 정신

고칠이는 자신의 아이큐가 낮아서 회사에 잘 적응하지 못하는 것인지, 아니면 단지 하나의 징크스일 뿐인지가 고민이 될 겁니다.

사실 이를 정확히 알기 위해서는 많은 근거자료와 경험이 필요하겠죠.

여기에는 **귀납법**과 **연역법**이라는 논리적인 방법론이 있어요. 귀납법은 경험적인 관찰과 실험을 통해 사례의 공통점을 알아내어 일반적인 원리를 밝히는 겁니다. 흔히 경험론적 방법론이라고 하고, 베이컨, 홉스, 흄 등의 영향을 주었어요.

반면에 연역법은 확인되고 명백한 원리로부터 논리적 추론을 통해 개개 사물의 이치를 알아내는 방법이에요. 연역법은 이성을 중시하는 합리론의 방법론으로 이어지고, 삼단논법이 중요하겠죠. 데카르트, 스피노자 등에게 영향을 주었습니다.

지체인들이라고 한다. 우리 장애인복지법의 기준에 따르면 지능지수 70이하를 그 기준으로 하고 있고, 그로 인해 주의력이나 판단력, 사고력, 사회 적응력 등이 떨어지게 된다고 알려졌다.

그럼 고칠이는 뭐인가. 지금까지 직장생활을 보면, 엄청 노력해야만 적응해 나갈 수 있었다. "나는 정상인인가, 아니면 정신지체인인가. 아이큐가 70이하나 조금 넘나, 정신지체인과 크게 다르지 않겠지. 키에르케고르와 의사출신의 야스퍼스 등의 실존주의자들도 나처럼 머리가 나쁜 건가. 그렇지 않겠지, 설마."

너 때문에 고생한다. 이 망할 놈의 고칠이 아이큐.

나에게 회사가
일을 잘했다고
상장을 주네

가언명령과 정언명령
공리주의

■ □ ■ □

　　　　　　　　　　고칠이는 적응력이 부족해서 회사
의 여러 지점을 이리저리 옮겨다니다 보니, 스스로가 아이큐가 낮
아서 그러겠거니 인정하면서도, 약간은 의기소침해 있었다. 학창
시절이었으면, 아마 한강다리 여러 번 갔다 올 일이지만, 이젠 체
념한지 오래였다.

　　고칠이는 회사로부터 "일명 '학습지 맹꽁이'를 학부모님께 팔
아라." 라는 특명을 받았다. 고칠이는 예전 같았으면 회사의 특명
을 받게 되면 엄청난 스트레스와 회사퇴직에 대한 심적 압력이 밀

려왔는데, 이번만은 좀 자신있어 했다.

　고칠이는 적응력이 부족해 여러 지점을 옮겨다니면서 학부모님들의 특성을 많이 겪었고, 소위 인맥도 탄탄해져서 조금만 노력해도 학부모님이 반갑게 이 책 '학습지 맹꽁이'를 사줄 듯 했다.

　더욱이 이 '학습지 맹꽁이'가 학생들의 공부에도 도움이 될 수 있도록 정성껏 편집되어 있다는 생각이 드니, 더욱 더 자신감이 넘쳤다. 아이큐가 낮은 고칠이가 조금 쭉 읽어봐도 이해가 될 수 있었으니, 이 책 저자는 고칠이 같은 사람들의 마음을 훤히 들여다 보는 느낌이었다.

　고칠이의 직감은 정확히 맞아 떨어졌다. 완전 대박이었다. 고칠이는 회사에서 '떠오르는 스타'가 되었다. 인생 지금까지 살면서 이 같이 높은 순위에 오른 것은 난생 처음이었다. 학창시절 아무리 열심히 공부해도 중상위권을 못 벗어났는데, 이 회사에 와서 '학습지 맹꽁이' 판매실적이 거의 지역본부 10위 안에 들었던 것이다.

고칠이는 결국 해냈습니다. 고칠이 자신의 아이큐가 낮아도 여러 경험들을 한 것이 큰 능력으로 작용했네요.

그리고 고칠이는 자신이 단지 돈을 잘 벌고 성공하기 위해서만 '학습지 맹꽁이'를 마케팅한 건 아닐 거예요.

'학습지 맹꽁이' 그 자체가 나름대로 학생들에게 도움이 된다는 생각에 무조건적으로 더욱더 열심히 일하게 된 것 같아요.

어떤 행동을 명령하거나 다짐할 때 조건이 붙어서 하는 경우를 독일의 관념론자 칸트(I. Kant, 1724-1804)는 **가언명령**이라고 정의했어요. 그리고 말과 행위 그 자체가 목적인 무조건적인 명령의 형태를 **정언명령**이라고 했고요.

고칠이는 가언명령을 생각한 건 아닐 거예요. 그런데도 '학습지 맹꽁이'가 학생 교육에 도움이 된다는 생각이 들어 나름대로 선한 입장에서 정언명령을 따른 것일 거예요. 그게 대박이라니.

어느날 이 회사 국장이 불렀다. "고칠이는 팀장으로 자리를 굳히게 됐고, 서울 본사에 가서 상장을 받게 됐다."며 악수를 청하였다. 항상 못마땅하게만 고칠이를 여겨온 국장의 모습과는 완전히 180도 다른 모습이었다.

고칠이는 회사에서 뿐 아니라, 집에 가서도 큰 인정을 받았다.

아빠 엄마 누나 동생 가릴 것 없이 축하해줬다. 게다가 판매 보너스가 큰 액수라서 집에 경제적인 보탬이 되는 것은 두말 할 나위도 없었다.

고칠이는 그 다음날 아침에 자신감도 넘치고 기분도 좋아져 일찍 일어났다. 우울감은 말끔히 사라진 것 같았다. 엄마는 언제 일어나셨는지 벌써 아침 밥상을 차려놓고 계셨다.

엄마가 고칠이에게 "벌써 일어났구나, 좀 더 눈좀 붙이련. 오늘 사장님께 상장을 받는 날이라며." 고칠이는 왠지 눈시울이 젖었다. "엄마, 늦기는 했지만, 저 장가도 가고 돈 많이 벌어서 호강시켜 드릴게요."

이 날은 고칠이가 학창시절에 받은 개근상을 제외하곤 난생 처음으로 '우수상장'을 받은 아주 특별한 날이었다.

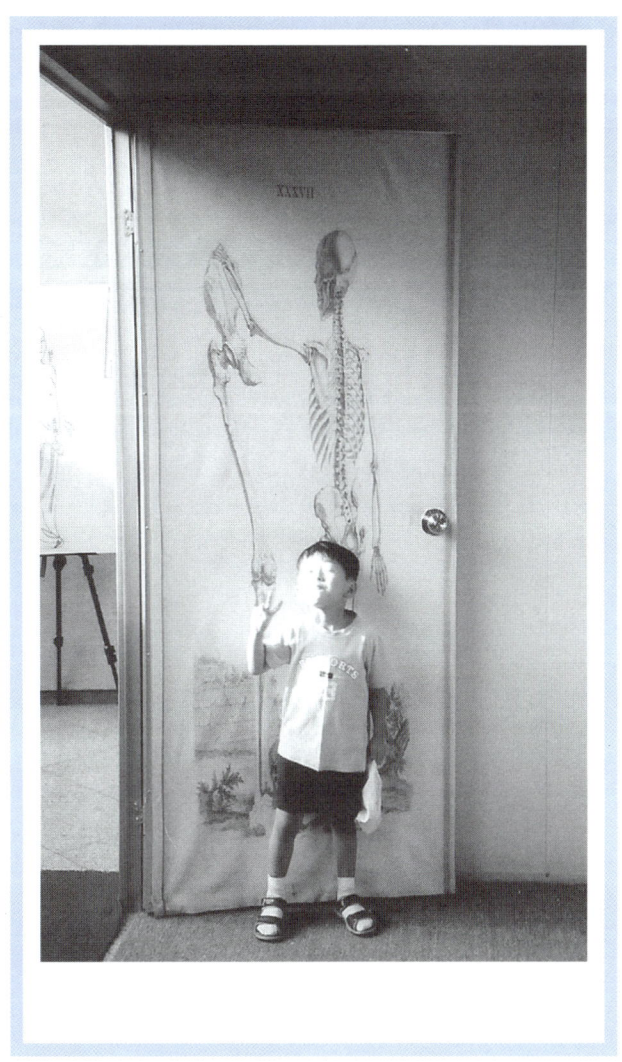

고칠이는 장남이라서 그런지 자신의 행복도 중요하지만, 가정의 행복도 생각하고 있네요. 가정도 하나의 사회라고 본다면, 고칠이는 개인의 이익과 사회전체 이익을 조화시키려고 했던 것 같아요.

이를 공리주의라고 부르는데, 이 생각은 몇몇 자본가의 이익은 극대화 되는 반면 노동자계급은 그렇지 못한 생활을 하게 되어 이러한 모순을 해결하고자 나왔다고 하네요. 공리주의의 '최대다수의 최대행복' 이란 원리는 도덕과 입법의 원리로 제시됐어요.

그런데 벤담(J. Bentham, 1748-1832)은 쾌락을 양적으로 측정할 수 있다고 했으나, 밀은 쾌락은 양적인 차이도 있지만 질적인 차이도 있다고 주장했어요. 밀(JS Mill, 1806-1873)의 말이 좀 더 맞을 듯 싶네요. 돈 많이 버는 직업을 가진 사람들을 순위로 매겨 더 행복하다고 만은 못할 거니까요.

밀의 이런 말이 생각나네요. "배부른 돼지가 되기보다는 배고픈 인간이 되는 편이 낫고, 만족스러운 바보가 되기보다는 불만족스러운 소크라테스가 되는 편이 낫다."

"무슨 말이냐고요? 자본주의 사회에서는 돈이 행복의 최고 기준이라고요?"

직장 이젠
그만 둬야겠어

실용주의
의무론적 윤리,
목적론적 윤리

■□■□

　　　　　　고칠이는 회사 내에서 유명인사
된지 오래지 않아 다시 찬밥신세가 될 지경에 놓였다. 적응력이라
는 게 중요한 모양이다. 더 이상 옮겨갈 지점도 없었다. 이젠 타도
시로 옮겨가야 할 형편인데, 그렇게 먼거리를 출퇴근한다는 건 고
칠이로선 환장할 노릇이었다.

　　고칠이가 일을 못하는 건 아니었는데, 옳고 그른 판단이 너무
융통성 없이 확실하다보니, 주변 동료들과 상관들 사이에 모가 났

나 보다. 처음에는 서로 괜찮은 것 같았는데, 6-7개월이 지나면 고칠이의 이 같은 본성이 드러나기 때문에 어쩔 수 없다는 거다. 한마디로 융통성이 없어 적응력이 떨어진다는 것이다.

논술배경지식 ◆ 사회학습 coach
실용주의

고칠이는 미국의 **실용주의**(Pragmatism)를 이해할 수 있을까요? 고칠이는 실용주의에 대해 고민해 봤어야 했어요. 직장 상사들은 마케팅 경험이 많아서 도덕적인 명분보다는 실용적인 측면에서 판단하는 경우가 많더라고요.

미국은 이러한 실용주의 덕분에 세계의 경제를 주름잡는 왕이 되었죠. 듀이(J. Dewey, 1859~1952)는 실용적인 지식만이 참된 지식이라는 말까지 남겼답니다. 고칠이로서는 어처구니 없는 말이겠죠.

듀이는 실생활에 도움이 안 되거나 비생산적인 지식은 의미가 없다는 거예요. 게다가 그는 모든 지식과 생각들은 인간이 실생활에 적응하여 잘 살기 위한 도구라고 봤기 때문에, 도덕도 또한 유용성을 바탕으로 평가해야한다고 말했어요.

그는 시대나 사회에 유용하지 않은 도덕은 의미가 없어 바꾸거나 없애야 한다는 거죠.

그런데 이보다 더 큰 고민이 생겼다.

국장급들이 하나 둘 회사를 떠나는 게 아닌가. 40대가 넘으면 대체로 국장이 되는데, 그 다음부터는 완전히 봐주는 게 없는 실적 위주의 생존경쟁이 된다. 고칠이는 이 같은 사실을 몰랐었는데, 가장 친한 국장이 영업실적에 밀려 회사를 떠나게 되면서 알게 됐다.

그 국장이 떠난지 한두 달 지났나, 고칠이는 자신의 미래 불안
감이 엄습해 왔다. 고칠이는 무의식적으로 회사를 떠난 국장한테
전화를 걸었다. 그 국장은 고칠이의 전화를 받더니 반가운 듯, 자
기 회사에 놀러 오라는 거다.

국장은 회사를 그만두고, 모아놓은 돈으로 자동차 '카센터'를 차
렸다. 놀러 가 보니, 국장은 예전의 국장이 아니었다. 친절 그 자체
였고, 아침 점심밥 걸러가며 정말 열심히 일하는 모습이 역력했다.

그 국장은 고칠이에게 무시무시한 말을 남겼다. 자신은 잘 된
경우이고, 어떤 국장은 지금 거의 집에서 아기보며 놀고 있다는
거다. 나이 들어서 세상 밖으로 나오면 정말 할 게 없다는 것이다.
정말 무시무시하고 섬뜩한 말이었다.

또 그 국장 말 중에 이 말이 기억난다. 회사를 떠난 국장 가운데
가장 잘 된 경우는 현재 크게 모텔업을 하고 있는데, 아빠가 엄청

난 갑부라서 하게 된거지, 오로지 자신의 힘으로 하는 게 아니라나.

교육전문회사에 와서 그만두고 잘 된 경우가 자동차 업종과 숙박업이라니, 고지식한 고칠이에게는 도저히 납득가지 않는 말들이었다.

고칠이도 이제는 이 회사 8년차. 국장이 되지 않으면 회사를 그만둘 때가 된 거였다. 국장이 되어도 그 험난한 실적위주의 생존쟁탈전을 벌일 심성도 못 된다는 것을 고칠이 스스로가 누구보다도 잘 알았다. 게다가 벌어놓은 돈도 많지 않아서 걱정은 태산이었다.

내일이라도 회사중역이 와서, '고칠이는 이제 그만둬.'라는 환청이 들려오는 듯했다. 고칠이는 갑자기 울고 싶어졌다. 그 와중에도 또 국장 한 명이 영업실적이 모자라 회사를 떠났다는 말이 들려왔다. 그렇게 힘이 세어 보였던 국장도 나약하다는 걸 알게 되면서 고칠이는 자신도 중대한 결심을 해야 한다는 것을 서서히 깨닫게 된 것이다.

고칠이는 회사를 그만두기 전에 이리저리 알아 봤다. 사교육시장이 넓다보니, 고칠이는 그래도 자신이 생겼다네.

고칠이는 부모님께 자신의 처지를 설명했고, 설득했으나, 부모님은 회사 그만두는 건 완강히 반대했다. 그러나 고칠이는 이렇게 계속 회사를 다녔다가는 회사 국장 꼴 날 거라는 생각이 들어 자신의 의지를 굽히지 않았다. 게다가 자신도 너무 지쳐서 더 이상 회사를 다닐 의욕도 상실했고, 의미도 못느꼈다. 실패의 위험이고 뭐고 무작정 그만두고 나와 쉰 후 일하고 싶어진 거다.

고칠이 동생의 말이면 그래도 귀를 귀울였던 아빠 엄마여서, 고칠이는 동생을 찾아가 아빠 엄마를 설득해 달라고 부탁했다.

동생은 "형이 회사일로 너무 지쳐서 그럴 수 있고, 한 번 인생을 자영업으로 도전해 보는 것도 좋다고 생각이 든다."며, 고칠이의 말을 들어줬다. 고칠이는 이때 만큼은 동생이 너무 고마웠다. 마침내 고칠이는 회사를 그만뒀고, 새 삶을 시작하게 되었다.

의무론적 윤리설은 이성과 사유를 중시하는 흐름에서 동기를 중요시하는 거예요. 반면에 **목적론적 윤리설**은 감각과 경험을 중시하는 흐름에서 결과를 중시하겠죠.

의무론적 윤리는 행위의 결과가 바람직하지 않더라도 동기가 도덕적이면 그 행위는 도덕적인 거겠죠. 그리고 목적론적 윤리는 항상 옳은 법칙은 없지만, 실용적인 결과를 만들어 낼 수 있다면 옳은 윤리라고 볼 수도 있을 겁니다. 아마도 듀이의 실용주의나 공리주의의 입장일 듯 싶어요.

고칠이가 회사를 그만두는 것에 대한 도덕적인 측면을 논한다면, 의무론적 윤리에 더 가깝지 않을까요. 결과가 어떻게 되든 간에 동기적으로 이건 아니다 싶은 거예요.

우리나라 40대들은 개인사업을 할지, 회사에 남아 승진해야 하는 건지에 대한 고민에 머리카락 수없이 빠졌을 겁니다. 그런데 많은 중년남자들이 이런 말들을 하더라고요. "승진이요? 회사 동료들 10명이 한두 자리 놓고, 싸울 수 밖에 없어요. 나머지는 회사를 떠날 수밖에 없는 거죠. 남들보다 열심히 학교공부도 했는데, 결국은 회의와 허무가 밀려오는 순간이에요."

친구들은 뭐하며
먹고 사는 거지

이데올로기
천민자본주의형 국가,
북구형 복지국가

■□■□

　　　　　　　회사를 그만두고 나오니 정말 세상이 만만치 않았다. 엄마 아빠와 주변사람들이 우려한 그대로였다. 생물진화론에 공헌한 찰스 다윈이 『종의 기원』에서 말한 대로 약육강식, 밀림의 정글이나 할까.

　고칠이는 그래도 열심히 살아왔는데. 이리저리 뛰어다니며 살려고 발버둥쳤다. 대학도 다녀보고 회사도 다녀보고, 열심히 남들처럼 한 것 같았다. 남들보다 부족한 게 있다면, 고칠이는 복잡한 게 나타나거나 조그만 변수가 생기면, 크게 불평도 늘어놓기도 하지만, 그냥 피해버렸다는 거다.

 남들이 보면 왜 저러나 싶을 정도로 자주 그만두고 말았다. 그만두고 나서 할일이 없으면 괜히 그만뒀나 싶어, 또 그 일을 하지

만 결국 과거의 그 일을 하다가 힘들었던 일이 기억나서 다시 반복해서 그만둔다.

 잠자다 일의 중압감이 고칠이 자신의 몸을 뒤엎고 있는 듯해 가위 눌린 적도 여러 번 있었다. '이랬다 저랬다.' 하는 모습에 남들도 결국 신뢰성이 없다며, 등을 진지 꽤 오래됐다.

 친구들하고도 일해 보려고 했는데, 모든 조직에는 사장이 있고, 직원이 있는 서열관계인가

보다. 무정부주의는 실패해서 사라진지 오래지. 결국 친구가 사장인데, 고칠이는 나중엔 그 관계를 견디지 못하고, 그만두게 됐다. 이젠 혼자서 할 게 없나 생각해보니까, 주변 친구들이 무슨 일을 하는 지가 더 궁금해졌다.

이데올로기라는 말이 있는데 도저히 무슨 말인지 이해가 안 된다고요? 사실 이 말을 정확히 아는 사람도 실상은 많지 않아요. 이데올로기라는 말 자체가 사회주의 자본주의 체제에서 서로 다르게 사용하고 있거든요.

이데올로기 라는 말은 대체로 '이념' 정도로 정의해야 할 듯 싶네요. 또 있다면, 사람들이 공유하는 강력한 힘을 지닌 생각이나 모양이라고나 할까요.

이데올로기를 단순히 이념으로 보면 이해는 간단히 돼요. 이데올로기가 사라졌다는 말은 틀린 말이겠고, 이데올로기의 대립이 사라졌다는 말은 일리가 있겠죠. 현대자본주의는 포스트모던 사회라고 해서 이념의 해체를 말하고 있거든요.

이데올로기의 긍정적인 측면은 구성원들을 적극적으로 이끌어 통합할 수 있다는 거죠. 부정적인 측면은 자신만이 옳고 남들은 틀렸다는 한 이데올로기에 대한 광신도가 많아지겠죠.

고칠이도 하나의 이데올로기를 갖고 있는 것 같군요. 조직의 서열관계라는 거요. 사장과 직원의 관계는 생산수단을 소유했느냐의 여부라서 큰 차이가 있어요. 심지어 사장이 직원을 노예처럼 부리기도 하거든요.

그런데 사장 편을 드는 건 아니고요. 그렇다고 해서 고칠이의 생각이 틀렸다는 건 아니에요. 대기업은 모르겠지만, 소기업 중소기업인 경우는 항상 자금 압박이 있어서요, 직원 만큼 사장도 여러 가지로 고통스럽답니다.

고칠이의 가장 절친한 친구 중에 대기업 과장이 있다. 그 친구는 중고등학교 때 아이큐가 130이 넘을 정도로 머리 좋기로 소문났었다. 그런데 고 3때 스트레스가 많았는지 친구들과 카드놀이 하며, 좀 어울려 놀더니 전문대학에 들어간 게 아닌가.

머리 좋은 이 친구가 전문대학에 간 것은 주변 사람들에게는 엄청난 충격이었다. 고칠이도 4년제 대학을 들어갔는데, 이 친구의 전문대 입학은 한마디로 말도 안 되는 거였다.

그러나 영어점수는 항상 고칠이가 높았고, 사회나 과학 과목은 이 친구의 점수가 훨씬 높았다. 한마디로 고칠이는 영어 때문에 4년제 대학에 갔다고 봐도 틀린 말은 아니었다.

이 친구는 그래도 대기업의 과장이 됐고, 주변 회사 동료들도 이 친구가 전문대학을 나왔지만 머리도 좋고 능력도 탁월하다며, 이 친구의 능력을 인정한다. 머리가 좋고 봐야 하나보다.

또 한 친구는 지방 캠퍼스 대학을 졸업했는데, 이 친구도 공부를 잘한 친구인데 운이 따라주지 않은 대표적인 친구다. 그래서 재수까지 생각한 모양인데 동생 학비랑, 여러 생활환경이 안 좋아서 포기하고 말았다. 참 안타까운 일이었다.

이 친구는 영문학을 전공해서인지, 번역일을 했다. 돈이 잘 안되는 듯 했다. 역시나 오래 견디지 못하고 그만뒀다. 어쩔 수 없는 모양이었다. 그리고나서 자동차 판매영업 등을 했는데, 지금은 중소기업에서 야간업무를 본다.

자동차판매영업 할 당시, 실적이 좋아서 잘 나가나 싶었다. 그런데 이게 웬일인가. 한번 교통사고 나고, 판매한 고객 차에도 문제가 생겨 안 좋은 일이 계속 겹쳐 일어나더니, 판매 영업을 접을 수 밖에 없었다.

그 다음에 건설현장에서 일하는 S친구. 택시 드라이버 K친구 등도 고칠이의 친구인데, 그래도 밥은 잘 먹고 잘 산다. 경기가 안 좋아지면, 택시 운전하는 친구가 사회에 대해 가장 많이 불만을 토로하지만, 그래도 용기도 있고, 열심히 한다.

그리고 모험정신이 큰 한 친구가 있는데, 그래도 이 친구는 수도권 대학출신으로 고등학교때 반에서 60명중 5등안에 들 정도로 공부를 잘 했다. 이 친구는 증권회사를 다녔는데, 증권회사에서 좀 모험성있는 증권 배팅을 하다가, 그만 1억 이상의 빚더미가 생겨 사우나탕을 전전하는 신용불량자가 되었다. 그런데도 아직까지 미련을 못버리고, 증권투자를 한다고 하니 답답한 노릇이다.

그래도 다들 열심인 모양이다. 힘들어도 더디지만 꿋꿋하게 한 일을 파는 모습이 애처롭지만, 왠지 멋져 보였다. 그렇다면 고칠이 자신은 무엇인가. 남들이 어떻게 사나 멀리서 지켜보기만 하는 관망자나, 일에 자신없어 이리저리 일자리를 돌아다니는 나그네 신세가 아닌가.

고칠이는 뭐라도 손에 잡히는 일이 있다면 열심히 할텐데, 오늘 따라 빚더미 속에는 있지만 자신이 몰두해야만 하는 일이 있는 친구들이 부럽기만 했다.

고칠이 친구들이 사는 모습이 사실 우리 사회 아빠들이 사는 모습이에요. 겉으로는 고상하게 사는 듯 하지만, 속으로 깊게 들여다 보면 안쓰럽기까지 하거든요. 항상 아빠의 어깨는 무거워요.

자본주의는 역사흐름에 따라 **천민자본주의형 국가**와 **북구형 복지국가**로 발전해 갔어요. 천민자본주의형 국가는 '독점 투기 과소비' 등의 특성을 갖고 있는데, 이로 인해 불평등이 심해졌죠. 이 국가는 우리 시회하고 비슷한 점이 많은 것 같죠?

반면에 북구형 복지국가는 사회복지제도를 실시한 스웨덴 등의 북구유럽국가들을 말하는데, 자유민주주의와 자본주의 장점을 살려 노동계급의 경제수준을 중산층 수준까지 끌어올렸답니다.

시장경제원리를 처음 주장한 아담스미스는 그의 저서 『국부론』에서 국가권력이 일일이 간섭하지 않아도 가격조정 기능인 '보이지 않는 손'이 있어 알아서 경제활동을 최적으로 조절해 준다고 했어요.

이 같은 자유방임주의 아래 부작용으로 '부익부 빈익빈' 사회가 오게 되고 어쩔 수 없이 투기 과소비 등이 만연되면서 불평등은 심화됐거든요. 그래서 자유방임적 국가관은 북구형 복지국가처럼 '국가 복지주의'로 바뀌게 된 겁니다. 우리 나라도 이젠 나서야 하는 거죠. 국민들의 인간적인 삶을 보장하기 위한 적극적인 역할로.

나도
사장?

가치전도현상,
인간소외현상
제3의 길

■□■□

　　　　　　고칠이는 다시 일을 찾아 보기로
했다. 이젠 나이도 들어가고 있어 남 밑에 가서 일하는 건 너무 힘
들거니와 받아주지도 않았다. 한 가지의 선택만이 남았다. 딜레마
도 존재하지 않았다. 자신이 사장이 되는 것 뿐이 없었다. 누가 그
랬던가. 한 가지 선택만이 남았을 때, 그 길이 자신이 가야할 길이
라고.

　　고칠이는 자신이 잘 할 수 있는 게 뭐 없을까 고민했다. 또 다시

일간지나 벼룩시장 등 생활광고에 나온 사업거리를 유심히 보면서 하나하나 일거리 계획을 챙겨나갔다. 문득 눈에 띄는 게 보였다. 어린이 도서를 정기적으로 집집마다 운송해서 읽도록 해주는 일이다. K북랜드에서 지사장을 모집했다. 땅거미가 지고 있는 자신의 인생에 해가 찬란하게 다시 떠오를 수 있을 듯 했다.

보증금 500만원이 좀 비싸기는 했지만, 이젠 나도 지점에 우두머리가 된다고 생각하니 행복했고, 출판 및 교육전문회사 D회사에서 어린이 대상으로 교육사업 파트장까지 지낸 고칠이로서는 그리 어려운 일처럼 보이지 않았다.

한 회사의 지사였지만, 그래도 사장역할을 할 수 있어 약간의 자유로움을 느꼈다. 고칠이는 K북랜드 사장을 만나봤다. 30대 정도로 보이는 젊은 사장이었다. 과연 사업경험이 얼마나 있는 건지. 요즘 젊은 사장이 많다고는 하는데, 뭐. 한 번 믿어보자.

그 사장도 고칠이가 아동과 관련한 일을 한 것이 좋아보였는지 흔쾌히 승낙했다.

고칠이는 이제 지사장이 되었다. 그래도 새 사업장의 사장인 셈이다. 직원도 고칠이가 뽑게 되어있는 독립된 지사인 것이다. 브랜드 수수료 등만 본사에 지불하면 되는 것이다.

지사장 명함을 들고 이리저리 뛰어다녔다. 처음엔 그래도 재미있었다. 아파트 내에 파라솔을 피고 광고도 했고, 학부모님들의 호의도 느꼈다. 크게 머리를 쓰지 않고 발로 뛰어다니니 마음도 편하고 몸도 건강해졌다. 근데 예상치 못한 문제가 발생했다.

예전에는 일개 직원이라서 좀 일하면 한달마다 월급이 나왔는데, 이건 전혀 아닌 거다. 고칠이가 월급을 만들어야 하는 게 아닌가. 고칠이는 순간 '아차' 하는 생각이 들었다. 사장과 직원의 차이가 엄청 난 것이었다.

한 달을 바쁘게 돌아다녔다. 허리가 뻐근할 정도로 예전보다 두세배 가량 일을 했다. 한 달이 지났다. 수입 60만원, 브랜드 수수료 교통비 등 지출 40만원. 20만원이 순수익이었다. 어느새 통장에는 용돈도 써서인지 거의 한푼도 없었다. 잔고 650원이 고작이었다.

'이래서 사람들이 다들 직장에 가서 일하려고 하나보다.' 라는 생각이 들기 시작했다. 그런데 어디에 가도 고칠이를 받아줄 사람은 없었다. 정말로 선택은 한 가지 밖에는 없었다. 지사장이 아닌 완전히 독립된 회사의 사장이 되는 수 밖에 없었던 거다.

순간 고칠이는 'K북랜드 사장이 사기친 것 아닐까.' 라는 생각까지 들었다. '그건 아니겠지. 고칠이 말고도 다들 지점장이나 직원으로 일하고 있던데.' 어쩔 수 없이 다음 달에도 이 일을 계속할 수밖에 없었다. 우선 피해갈 수 없는 상황이었다.

보증금도 걸려있고, 한 달만에 그 돈을 달라고 하면 계약위반이었다. 고칠이는 지점 내부 수익모델을 점검하기 시작했다. 도서대여를 해줄 때 단가가 문제시 되었다. 대여가격 1만원이 2만원 정도 되어야 120만원을 벌 수 있었다. 120만원 벌어도 브랜드 수수료 등이 있어서, 고칠이는 100만원도 못 들고 갈 형편이다. 최소

3-4만원으로 올려야 하는데 엄청난 가격인상으로 학부모님들의 신뢰를 못받을 게 뻔한 노릇이었다.

"겉으로 쉬워 보였던 일이 이렇게까지 복잡했었는지."

고칠이는 한 일주일을 고민 고민하다가 결국 그만둘 수 밖에 없는 처지에 놓이게 되었다. '집에 가서 뭐라고 말할까.' 사장한테 가서 보증금 달라고 하니까, '말도 안된다.'고 하니, 한마디로 고칠이는 성급했다. 처음 경험으로서는 큰 돈이면 큰 돈이지만 망할 정도는 아니라서 다행이다. 고칠이는 앞으로 뭘 해야 할지 앞이 막막했다.

술로 얼굴이 뻘게 진 채 집에 가서 자초지종을 말했다. 아빠는 항상 그랬던 것처럼 그냥 문 닫고 들어가셨다. 엄마는 한 번 한숨을 몰아쉬더니, "앞으로 뭘 할 거냐?"라고 대뜸 물어보셨다. 고칠이는 자신도 모르게 툭 한 마디가 튀어 나왔다.

"그냥 쉬고 싶어요."

그리고 그 자리에서 고칠이는 고개를 푹 숙인채 일어나서 자기 방에 들어가서 누워버렸다. 밤새도록 몸을 이리저리 뒤척이다가 대학교수가 어렵게 쓴 수면제용 '책'을 읽다 잠이 들었다.

아침이 밝아 왔다. 멀리서 개짖는 소리에 깼다. 머리가 좀 아팠다. 어저께 술 먹은 게 개운치가 않은 모양이다. 이렇게 저렇게 시계의 분침과 시침은 사정없이 물 흐르듯 빙글빙글 돌았다. 다 큰 애가 자리도 못 잡고 집에서 놀기만 한다고 주변에서 말들이 많아졌다.

그 말이 가장 듣기 싫었다. 고칠이는 무조건 방문을 걷어차고 나왔다. 정말 막막했다. 이뤄 놓은 것도 거의 없어 보였다. 가서 커피나 한 잔 먹어야지 하고 호주머니를 뒤적거려 보니, 달랑 200원이 전부였다. 동네 커피 자판기에 가서 커피를 뽑아 먹으려고 가보니, 일반커피는 200원 고급커피는 300원이었다. 일반커피를 마시려고 동전을 넣으려고 했는데, 일반커피는 매진이었다. 엄청난 짜증이 밀려왔다.

논술배경지식 ◆ 사회학습 coach
가치전도현상, 인간소외현상

고칠이는 생존투쟁으로 치닫고 있네요. 이러다 보면 윤리나 도덕 정신의 가치보다는 물질이나 돈만이 최고라는 가치로 확 바뀌게 됩니다. 이를 '가치전도현상'이라고 하지요.

더 나아가 황금만능주의 풍조에 휘말리게 되고, 물신숭배 경향도 나타나죠. 한순간에 사랑보다는 돈이 최고가 되는 거예요. 사실 불평등이 심한 자본주의 사회에서는 돈이 최고인 것은 사실입니다.

그러다 보면 우리 사회는 더욱 더 천민자본주의형 체제로 치닫게 되는 거죠. 완전히 늪에 빠져 허우적거리다가 한 맺힌 귀신이 되는 겁니다.

또한 돈으로 인해 인간소외 현상이 일어납니다. 사람들이 기계의 부속품으로 전락되면서 돈을 못벌면 완전 폐물취급 당하는 거죠. 자신의 노동, 생산물 등으로부터 소외되는 겁니다. 자신이 만든 생산물 사용가치보다는 돈에 대한 교환가치에 더 관심을 갖게 되는 소외현상인 거죠. 우리 세대에서 극복해야죠.

'아니다. 이럴수록 생각을 긍정적으로 해야지. 긍정적으로 해보면, 그래, 저렴한 가격의 커피같은 차를 파는 거야. 나는 자본금이 없으니까, 1회용 커피믹스 같은 걸 파는 거지. 복숭아 맛이 나는 홍차 같은 걸 파는 거지. 그래 예전에 어디선가 본적이 있어, 차 대리점 모집이 있었어.'

고칠이는 집에 와서 모아 놓았던 생활광고지를 찾아봤다. 아무리 찾아도 없었다. 눈물이 날 지경이었다. 고칠이는 무의식적으로 엄마를 불렀다. 엄마는 베란다에 가 보면 있을 거라고 하셨다. 빗물이 거실로 흘러 들어서 놔두었다고 하신다. 고칠이는 가 보니 차 대리점 모집 광고가 눈에 확 띄었다.

"심봤다."

고칠이는 당장 전화했다. 그리고나서 집에 새벽 2시쯤에 들어왔다. 보증금이 너무 감당하기 어려울 정도 였다. 고칠이는 K북랜드 사업이 실패한 후에 마셨던 술 보다 거의 두 배 취기가 얼굴에 돌았다. 담배도 몇 갑을 폈는지, 담배냄새가 옷에 자욱했다. 고칠이는 잠자면서 계속 되뇌였다.

"뭐하고 살지."

동생은 뭐하는 걸까. 전화해 보니. 항상 바쁜 척한다. "형, 나중에 전화할게." 무슨 일이 그렇게 많은지 도저히 모르겠다.

논술배경지식 ◆ 사회학습 coach
제3의 길

고칠이가 가야할 길이 참 막막하게 됐죠. 그러나 어쩌겠어요. 또 다른 길을 모색하거나, 열심히 하던 일을 끝까지 이뤄내던가 해야죠.

우리 사회의 나아갈 방향도 마찬가지일 거예요. 고칠이의 개인의 삶처럼 우리의 길도 막다른 골목에 온 것일 수 있거든요. 우리나라 지식인들은 자본주의의 모순을 겪고 있고, 사회주의 문제점도 알고 있다보니, 새로운 사회경제체제의 발전을 주장한 앤서니 기든스의 '제3의 길'에 많이 끌리나봐요.

제3의 길의 정치적 색깔은 중도좌파인데, 영국의 블레어, 프랑스의 죠스팽, 독일의 슈뢰더 등 중도좌파가 이미 집권에 성공함으로써 더욱 관심이 생긴거죠.

이 제3의 길은 자본주의 체제가 가지고 있는 불평등성과 사회주의의 경직성을 극복하는 새로운 사상이라고 하네요. 그리고 중도좌파라는 점에서 성장보다는 분배쪽에 더 관심을 기울이고 있고요. 정치적으로는 좌우를 초월하는 실용노선이고 경제적으로는 자본주의와 사회주의를 초월하는 혼합경제로 볼 수 있어요.

*제1의 길 : 아담스미스 아래 개인주의와 자유주의에 근거하여 온 자본주의는 마르크스 이론과 실천을 선두로 한 사회주의에 의해 도전을 받았습니다. 사회주의자들은 자본주의가 소멸을 할 수 밖에 없다고 생각하고 서구의 복지국가를 건설했어요. 이들을 사회민주주의 혹은 구좌파라고 불렀어요. 이는 영국노동당의 복지국가모델입니다.

*제2의 길 : 자본주의의 토대아래 개인의 선택과 창의성을 강조하면서 경쟁력과 부의 창출을 중요하게 강조하는 신자유주의자 혹은 신우파가 등장했어요. 마가렛대처에 의해 수용된 신자유주의의 길이죠.

고칠이가 일을 못하는 건 아니었는데, 옳고 그른 판단이 너무 융통성 없이 확실하다보니, 주변 동료들과 상관들 사이에 모가 났나 보다. 처음에는 서로 괜찮은 것 같았는데, 6-7개월이 지나면 고칠이의 이 같은 본성이 드러나기 때문에 어쩔 수 없다는 거다. 한마디로 융통성이 없어 적응력이 떨어진다는 것이다.

고칠이는 무조건 방문을 걷어차고 나왔다. 정말 막막했다. 이뤄 놓은 것도 거의 없어 보였다. 가서 커피나 한 잔 먹어야지 하고 호주머니를 뒤적거려 보니, 달랑 200원이 전부였다. 동네 커피 자판기에 가서 커피를 뽑아 먹으려고 가보니, 일반커피는 200원 고급커피는 300원이었다. 일반커피를 마시려고 동전을 넣으려고 했는데, 일반커피는 매진이었다. 엄청난 짜증이 밀려왔다.

An Infant Model, Min-young, Lee © 2006

4부

사랑이라는 것

동생을
벗삼아

정보화사회, 전자민주주의
정의

■□■□

　　　　　　엄마는 고칠이가 어렸을 때, 빨리 암기하는 머리는 있었다고 하셨다. 엄마는 빨레를 하시면서 고칠이하고 동생에게 구구단을 외우게 한 적이 있으셨다. 2단부터 9단까지 하루에 한두 시간씩 따라 외우게 하면 고칠이는 3-4일이면 거의 다 따라하는데, 고칠이 동생은 1-2주일이 지나도 5-6단에서 헤매고 있는 게 아닌가.

　고칠이는 엄마가 9단까지 외워보라고 시키면, 잠시 뜸을 들였다가 "다 외우면 놀러나가도 되죠?" 하고 장사꾼처럼 흥정하는 것이다. 그래도 엄마는 고칠이가 구구단을 외우기만 바라셔서 고칠이의 요구에 머리를 끄덕여 주곤 하셨다.

동생은 고칠이에 비하면 색달랐다. 동생은 엄마한테 흥정도 안하고 밖에 잘 놀러 나가지도 않았다. 엄마는 동생이 답답해 보였는지, 구구단을 다 외우면, 형처럼 놀러 나가게 해 준다고 해도 동생은 노는 거에는 별로 연연해 하지 않았다. 증세가 심하지 않은 소아강박증 환자처럼, 엄마가 말한 구구단에만 관심이 있었고 집착했다.

그런데도 엄마는 동생이 구구단 외우는 속도가 너무 느려 당혹스러웠다고 하신다. 나중에 다 외우긴 했는데, 초등학교 4학년 말쯤에 다 외운 거로 기억된다. 한 2-3년 걸린 셈이다. 고칠이는 몇 주만에 외우는 구구단을 말이다.

엄마는 "암기하는 머리로는 고칠이가 동생보다 앞선다."라고 말씀하신다. 그러고 보면 고칠이가 동생보다 머리가 좋은 건 아닐까. 모든지 빨리 외우는 데 말이다. 하지만 고칠이는 금세 잊어먹는다는 거다. 한 달이 지나서 물어보면 머릿속에 남는 게 없었다. 고칠이는 어디다 외운 걸 팔아먹었는지.

항상 외우는 게 답답하고 오래 걸리는 동생은 거의 반에서 1등을 차지했다. 동생은 고칠이와 달리 외우는 시간은 오래 걸리는데도 한 번 외우면 잘 잊어먹지 않는 비상한 머리를 갖고 있는 것이다. 심지어는 교과서를 처음부터 끝까지 밤새어 다 외워 시험본다는 소문도 돈다.

동생은 초등학교 5-6학년 때 야구선수가 된다며, 말그대로 야구에 '올인' 했던 때만 빼면 공부에는 완전 귀신이다. 결국 동생이 야구 길로는 못 갔지만, 그때 동생의 눈에는 야구외에 아무 것도 보이지 않던 게 기억이 난다.

　　빨리 외우지만 쉽게 잊어버리는 고칠이. 그리고 늦게 외우지만 오랫동안 기억을 간직하는 동생. 결국 동생은 공부에는 달인이 돼서, 학생도 가르치는 위치에 올라 섰다. 하지만 고칠이는 단순한 암기는 순간적으로 잘 해도 응용력이 없어 깊이 있는 공부나 일은 자신감이 없어 보였다.

산업사회와 후기산업사회는 많이 달라요. 산업사회에서는 지식을 많이 갖고 있고, 암기력이 강한 사람들이 소위 출세를 했어요. 그래서 명문대학의 박사급들이 선호됐습니다.

그러나 사회는 산업사회에서 후기산업사사회인 **정보화사회**로 치닫고 있거든요. 정보화사회는 지식정보를 인터넷 등을 통해 자유롭게 취득할 수 있어요 컴퓨터 클릭 하나만으로도요. 지식을 머릿속에 암기해서 넣기 보다는 어디에서 어떻게 찾느냐가 더 중요하겠죠.

그러니 고칠이는 보다 자신감을 갖고 살아도 될 듯하네요. 정보화사회에서는 우리가 정보지식을 올바르게 이용할 줄 아는 정보윤리의식을 키우는 게 지식 암기보다 더 중요한 일일 겁니다.

그리고 정보화사회로 이룩된 전자민주주의 사회에서는 고대 그리스인들이 모두 참여했던 아고라 집회처럼 정치에 대한 직접 참여가 손쉬워진 직접민주주의가 실현될 수가 있어요. 반면에 패놉티콘(Panopticon, 원형감옥)처럼 개인이 사회로부터 끊임없이 감시와 통제를 받을 수 있는 구조가 될 우려가 있는 거죠.

동생과 고칠이는 이런 면에서 보면 너무나도 다른 스타일이다. 그래서 서로 통할 것 같지는 않는 데도 고칠이는 동생을 벗삼아 자주 이야기를 나눈다. 동생도 형의 모습이 순박하고, 진실되어 보인다며, 자신의 고민도 빼놓지 않고 조언을 구하기도 한다.

동생은 가끔 "고칠이 형은 암기를 게눈 감추듯 눈 깜짝할 사이에 하고 쉽게 잊어버리지만, 한순간 기발한 아이디어를 내는데,

그 순간 만큼은 형의 아이큐가 150이상인 것처럼 보인다."는 말을 하곤 했다.

게눈감추듯 _ 게는 평상시에 두 눈을 밖으로 내놓고 한가로이 돌아다니다가 위험한 일이 벌어지면 잽싸게 눈을 감추고 숨어버리는 데서 유래된 말이다. 음식을 순간적으로 먹어 치우는 것을 뜻한다.

동생은 또 "형은 정의로운 면이 있으며, 가리지 않고 솔직하게 말하는 편"이라고 한다. 그리고 "형이 여자친구는 없는 것 같고, 있어도 오래 못 간다."는 거다. 게다가 매사 자신이 없는 게 안타깝다는 것이다. 형은 남자중에 남자인데, 다들 그걸 모른다는 게 답답하다며, 동생은 형에게 위로를 해 준다.

정의로움이라는 건 뭘까요? 고칠이 동생은 형이 정의롭고 진실된다고 표현하잖아요. 아마도 동생은 형이 자신의 욕심을 챙기면서까지 동생의 밥먹는 것까지 뺏어 먹지는 않았나 보죠.

좀 어렵겠지만 정의라는 것은 이처럼 먹는 것 등을 자신만 갖지 않고 어떻게 나눠 가질 것인가의 문제일 거예요. 한마디로 정의의 기준은 어떻게 분배하고 소비하느냐의 문제일 겁니다. 분배에 대한 사회적 합의를 의미합니다.

정의에 대해 많은 사람들과 단체들이 고민해 왔어요. 지금도 대학교, 연구소, 언론사, 시민단체, 정부기관 등 셀 수 없을 정도로 여러 곳에서 이 과제를 연구하고 고민하고 있을 거예요.

이를 고민한 대표적 사상가로 아리스토텔레스는 정의인 분배의 기준으로 명예와 금전 등을 말했고, 칼 마르크스는 하부구조(경제)가 상부구조(정치 사회 문화) 등을 규정한다는 논리로 봐서는 물질적인 부가 분배의 기준이 됐을 겁니다.

그리고 존 롤스(J. Rawls)는 그의 저서 『정의론』에서 사회의 기본가치(Primary social goods)인 권리와 자유, 기회와 권한, 소득과 부, 자존감 등을 포괄적인 분배 기준으로 말했어요.

좀 더 자세히 보면, 그는 두가지 원칙으로 정의를 내렸어요. 제 1원칙은 평등한 자유의 원칙으로서 각 개인은 기본적 자유에 있어 평등한 권리를 가져야 한다는 거죠.

제 2원칙으로는 차등의 원칙, 균등의 원칙이 있습니다. 차등의 원칙은 사회경제적 불평등은 가장 불리한 여건에 있는 최소 수혜자에게 최대의 이득이 될 때만 허용될 수 있어요. 기회균등의 원칙은 사회경제적 불평등은 모든 사람에게 개방된 직책이나 지위와 결부된 것이어야 한다는 겁니다.

자유주의 이념의 문제점인 불평등과 평등주의에서 따르는 문제점들을 해결한 듯 하네요.

사랑하는 사람이 생길까

사랑의 일반론
야누스적 사랑

■□■□

고칠이는 대학 시절 잠시 사랑이 찾아왔었고, 그 이후로는 사랑이란 말조차도 머릿속에서 희미해지고 있었다. 가끔씩 소개는 들어 왔었는데, 그거마저 이젠 없어진지 오래였다. 고칠이는 '자신이 남자로서 매력이 없어서 그러겠지.'라는 생각을 하고 있었다. 동생은 아니라고는 하지만서도.

햇빛은 유난히 빛났는데 멀리서 먹구름이 밀려오는 아침이었다. 조물주도 고칠이를 기억하고 있었는가. 마치 20대가 고칠이 자신에게 다시 찾아 온 것인가. 제2의 사춘기가 오고 있는 것인

가. 길거리를 아무 생각없이 지나가는데, 진한 허브향이 나는 한 여인과 살짝 옷깃을 스치는 게 아닌가. 정말 우연처럼 옷깃을 스쳤다. 운명처럼 말이다. 슬쩍 올려본 얼굴은 거짓말 하나 안 보태고 그녀의 얼굴은 백옥처럼 빛났다.

고칠이는 그때 자신에게 마땅한 일거리만 있어도 그 여인에게 시간 좀 내서 얘기하자고 말을 걸었을 것이다. 하지만 직장을 그만둔 게 못내 아쉬웠다. 고칠이는 뭐라도 내세울 게 없는 처지라서 그냥 스쳐 지나갔다는 거다. 그리고 나서 고칠이는 며칠씩 실성한 듯 우두커니 그 곳에 머물러 있다가 집에 오곤 했다.

고칠이에게 사랑이 찾아 온 것일까? 고대 그리스에서는 이 같은 **사랑**을 에로스라고 불렀어요. 에로스는 간단히 말하면 완전히 육체적이고 성적인 매력에 매료된 사랑이라고 말해요. 그리스도교에서는 사랑의 또 다른 표현으로 아가페라고 해요. 인격적 교제, 즉 이웃사랑과 신에 대한 사랑을 말합니다. 필리아라는 말도 있죠. 친구나 동료에 대한 사랑을 뜻하기도 합니다.

그런데 플라톤 「향연」에서 논의하고 있는 단어, '에로스'는 '부족한 것'을 채우거나 '욕망'을 충족시키려는 '열망'을 뜻하는 거예요.
다시 말하면, 에로스는 내가 가지고 있지 않기 때문에 가지고 싶어하는 것, 혹은 나에게 중요하거나 이익이 된다고 생각되는 것을 얻는 일을 가리키는 것죠. 그런데 그리스 어원에 충실해서 말하면, 에로스는 헌신적인 마음이나 지극히 자애로운 마음과 같은 뜻을 담고 있지는 않아요.

그리스에서 사랑을 표현하는 단어가 이타적인 정도에 따라 아가페, 에로스, 필리아로 구분하여 사용됩니다.

사랑은 인간의 근원적인 감정이라고 볼 수 있는데, 힌두교에서 카마, 유교에서 인, 불교에서는 자비 등이라고 표현됐고, 사회적으로는 더 나아가 우애 애국심 등으로 표현됩니다.

그러나 그 허브향 나는 여인은 오지 않았다. 고칠이는 앞에 놓인 찌그러진 커피캔을 뻥 차버렸다. 그는 습기찬 어둠속의 긴 터널을 지나가는 듯 했다. "내 주제에 무슨 여자냐. 지나가는 개도 웃겠다."며, 스스로 책망하기도 여러 번이었다.

운명의 여신이 고칠이를 안 버렸는지, 그 후 한 달 정도 지나서 우연히 그 여인을 다른 곳도 아니고 찜질방에서 마주쳤다. 그 곳에서 본 그 여인은 길에서 봤을 때보다 더 자태가 수려했다. 게다가 얼굴도 선해 보였다. "큭큭." 완전 고칠이의 이상형인 거다.

그 여인에게 말을 걸려고 용기를 냈다. 고칠이가 가까이 가서 말 걸려는 순간, 그 여인이 기다렸다는 듯 먼저 고칠이에게 말 거는 게 아닌가.

"선생님, 안녕하셨어요. 저 다영이 엄마에요."

그 여인 뒤쪽으로 고칠이가 교사시절 자신이 가르쳤던 다영이가 있었다. 초등학교 4학년 학생정도 됐을 거다. 그 학생이 너무 예뻐서 어머니가 궁금했던 날이 있었는데, 마침 다영이 엄마가 직장에서 일찍 끝난 날 서로 인사했었다.

그때 고칠이는 다영이랑 엄마가 너무 닮았다고 생각했었다는 거다. 다영이 엄마는 한두 달 전인가 직장일로 바삐 서둘러 길을 가고 있었을 때, 우연히 고칠이 선생님을 보고 인사하려고 했었다네. 그런데 일이 너무 바빠서 그냥 지나치고 말아 지금까지 죄송한 마음이 남아 있었다는 거다.

"다영이 엄마요? 아. 맞다. 그 예쁜 다영이의 엄마."
"으악, 내 기억력이 문제야, 그걸 기억 못하지."

고칠이는 사랑이 찾아 온 줄 알았는데, 결국 아무 것도 남지 않았다.
고칠이는 "나에게 사랑은 언제 찾아올까."라는 생각과 함께, 찜질방에서 멀리 다영이의 가족이 노는 걸 바라만 보고 있었다. 현실은 참으로 얄밉고 짓궂었다. 아니다. 잔인한 거겠지.

야누스적 사랑이란 말이 있어요. 이 사랑은 삶과 죽음의 본능의 양면을 지녔다는 것을 말합니다. 고통과 기쁨이라는 양면성을 지녔다는 의미겠죠.

삶과 마찬가지로 사랑 자체가 공허할 수 있어요. 이는 우리 스스로 삶 속에서 사랑 속에서 바로 그 끝을 지향하고, 그 끝을 알고 있기 때문일 겁니다.

그러나 한자명 이화여대 교수는 역설적이게도 우리가 삶을 자유롭게 살 수 있고, 사랑을 자유롭게 할 수 있는 것은 바로 그 죽음, 그 공허성 때문이라고 하네요.

"우리는 반드시 살아야 하기 때문에 사는 것도 아니고, 반드시 사랑해야 하기 때문에 사랑하는 것도 아니다. 살지 않을 수도 있고, 사랑하지 않을 수도 있다...그러나 바로 그렇기 때문에 우리는 우리의 삶으로부터 하나의 사랑의 신화, 신화적 사랑을 만들 수 있는 것이다."

*야누스(Janus)**는 고대로마신화에 나오는 신입니다. 유일하게 그리스신화에 대칭이 안 되는 신이며 문의 신이에요. 로마의 시조인 로물루스가 로마를 세울 때부터 숭배했으며, 모든 신들에게 제물을 바칠 때 제일 먼저 제물을 받쳤다고 합니다.

야누스는 두 개의 얼굴을 가지고 있으며 일설에는 4개의 머리를 가지고 있다고 해요. 그 이유는 4계절을 뜻하는 거라는 군요. 야누스가 두 개의 얼굴을 가지고 있기 때문에 그 모습을 빗대어 이중적인 성격을 가진 사람을 말할 때 야누스의 얼굴이라는 표현을 쓰기도 합니다.

크리스마스에 보낼
카드

현대사회와 미래사회의 가족
문화 이해의 태도

■□■□

　　　　　　　　지금까지 어떻게 살아왔는지 눈
한 번 지그시 감았다가 떠 보니, 벌써 흰눈이 내리는 12월이 오고
있었다. 날씨는 조금씩 추워 오고 있었고, 옷도 두꺼운 오리털 잠
바로 바뀌고 있었다.

이런 것들이 이젠 크리스마스가 얼마 안 남았다는 신호로 보였
다. 낮 예배시간을 알리는 교회 종소리를 애써 외면하고, 고칠이
는 자신도 모르게 먼 우울한 하늘만 쳐다봤다.

작년에도 남들은 크리스마스 이브부터 이벤트가 많아 눈코 뜰 새 없이 분주한데, 고칠이는 집에 누워 있기가 일쑤였다. 올해도 가만히 생각해보면 카드 보낼 곳도 마땅치 않았다. 믿고 따랐던 사회의 스승도 없는 것 같고, 그렇다고 단짝같은 친구도 없었다.

더욱이 이 나이들도록 여자친구도 변변치 않으니, 홀로 인생을 사는 격이었다. 크리스마스 이브에는 밖에 나가는 게 고통으로 여겨질 정도였으니, 고칠이는 어디가서 위로를 받을지 알 수 없으니, 원치 않는 졸음만 밀려왔다.

미래사회는 정보화 사회가 되면서 가족제도에도 영향을 미치겠죠. 고칠이처럼 부모님은 계시지만, 독신생활을 할 수도 있겠고요. 가전기술의 발달과 정보화가 기존의 핵가족제도까지 해체하고 1인 독신생활을 증대시킬 거로 점쳐져요.

현대사회는 이러한 가족제도가 있어요. 자녀양육 등의 활동을 공동체 차원에서 처리하는 공동체가족이 있고요. 공식적으로 결혼하지 않은 남녀 한쌍이 함께 사는 동거가족이 있을 겁니다. 법적으로는 사실혼이라는 이 같은 가족개념은 서구사회에서는 보편적이라고 하네요. 또한 동성애가족, 미혼모가족 등이 있어요.

"교회나 갔다 올까. 아니야. 그냥 창피하네, 모든 게." 이렇게 고칠이는 자신도 모르는 근육의 긴장도 풀린 소극적인 유형의 사람이 되어 가고 있었다.

엄마는 교회에 가시고 없고 아빠는 젊으셨을 때 사업같이 했던 동료분들과 친목회에 가셨다. 고칠이 혼자 졸리는 눈꺼풀을 위 아래로 붙이고 우두커니 빈 방에 눕다시피 하여 앉아 있었다.

'동생은 뭐하지. 고놈도 요즘 잘 나간다는 소문이 있는 걸 보면, 바쁘다고 하겠지. 친구나 부를까, 아니다, 아니야.' 고칠이는 자신도 모르게 눈물이 주르륵 흘러 내렸다. 어디로 가야할지 갈 곳이 없어진 것이다.

고칠이는 책장 위에 선물로 받은 석고로 된 천사 인형 2개를 물끄

러미 쳐다봤다. 어렵게 들어갔던 대학의 동기 여자 친구가 준 생일 선물인데 당시에는 3개였었다. 천사 인형 한 개를 일년 전에 안고 자다가 그만 인형 목이 부러지는 바람에 애석하게도 휴지통에 버리고 말았다.

이 여자 친구는 대학 재학 시절 고칠이를 무척 쫓아 다녔는데, 고칠이 자신은 어떻게 살아야 할지 방황할 때라서 괜히 부담만 느꼈다는 거다. 여자 친구가 싫은 건 아니었다.

친구를 통해 알게 됐는데, 지금 이 여자 친구는 아주 멋진 남자 만나 호강한다고 한다. '잘 됐어. 괜히 나랑 친해졌으면 지금쯤 고생만 바가지였을거야. 잘 됐어 정말 잘 됐어.' 고칠이는 자신도 모르게 눈물이 계속 흘러 내렸다.

하얀 눈이 내리는 크리스마스 날.
스쳐간 여자 친구에게 이 말을 하고 싶다.

내 마음 알지, 내가 널 싫어한 게 아니고 내 자신이 싫어서인 거.
건강하고, 안녕. 고칠이는 석고 천사인형 2개와 자신의 팔을 슬그
머니 잡고 사진 찍은 그 여자 친구의 얼굴을 물끄러미 쳐다봤다.

혼인은 배우자 수에 따라 일부일처제, 일부다처제 등으로 나뉩니다. 일반적으로 일부일처제
가 옳죠. 특히 우리사회는 일부일처제입니다.

그러나 문화를 상대적인 입장에서 보면, 일부일처 혼인을 제도화한 나라도 있는 걸 보면,
"틀리다, 그르다."라는 정답은 있지 않을 겁니다. 특정 사회의 관습과 문화를 그 사회의 특
수한 환경과 상황 및 역사적 맥락에서 이해하는 태도를 문화상대주의라고 합니다.

그러나 고칠이는 여자친구가 다른 남자랑 결혼했기 때문에 잊으려고 하는 것 아니겠어요.
이유는 우리 사회는 일부일처 혼인이 뿌리깊게 제도화 되어 있기 때문일 거예요. 자문화중
심주의로 생각한 거겠죠.

아마 고칠이 보고 일부다처제가 어떠냐고 물어보면, 당황하겠죠. 엉뚱한 얘기 하지말라고
할 겁니다. 고칠이는 자신도 모르게 자신의 문화를 우수하다고 믿고 다른 문화를 자신의 문
화를 기준으로 평가한 겁니다.

거꾸로 아주 소수이겠지만, 우리 사회 구성원 중에도 일부다처제를 원하는 사람들도 있을
겁니다. 문화사대주의적인 태도일 겁니다.

또한 극단적으로 '존재하는 것은 모두 유용하다.'고 하여, 일부일처제 일부다처제에 대한
보편적 판단 기준 자체를 거부하거나, 가치의 존재를 부인하는 극단적 문화상대주의도 있
을 거예요.

마음만
편했으면

사회발전의 의미
사회계층현상에 대한
두가지 관점

■□■□

　　　　　　고칠이는 쉬는 김에 계속 푹 쉬고
싶었다. 그러면 안 되는데 하면서도, 마음은 침대에서 편히 만화
책 같은 것 보고 이리저리 뒹굴고 싶었다. 걱정거리는 끊임없이 늘
어났지만, 그래도 견딜 수 있는 내성, 즉 내공은 쌓여 갔다. 직장을
처음 그만둘 때에는 내공이 적어서 당장 세상이 끝날 것만 같았다.

　지금은 쉬는 게 익숙해진 건 아니고, 많은 고민과 방황 속에 돌
출된 결실이라고나 할까. 아무리 어려운 일이라도 견딜 수 있는
힘이 생긴 거였다. 앞이 캄캄하고, 희망이 안 보이는 칠흙같은 어

두움이 올지라도 이길 수 있는 나름대로 내공이 생긴 거였다.

『가난해도 부자의 줄에 서라』(Yudaya Talmud Business)의 저자 테시마 유로는 "유대인은 위기에 직면해도 결코 절망하거나 포기하는 일이 없다."고 한다. 항상 희망을 갖고 끊임없이 노력하고 움직이면서 문제점을 찾아낸다는 것이다. 그리고 찾아낸 문제점에 대해서는 해결방안을 제시하고, 불필요한 것은 제외시켜 최선의 결론을 내린다.

고칠이는 이 같은 유대인들을 본받아야 겠다는 생각은 들지만, 끔찍하게 사는 거라서 왠지 싫고 몸도 안 따른다는 거다. 고칠이는 노력을 하기는 하는데, 자신의 삶에 대한 문제점을 찾아내서 해결방안을 찾을 머리도 안 되고, 결론을 나름대로 내려도 그대로 되는 일이 어딨냐며 반문을 한다.

고칠이는 학창시절에 공부한 기억이 나는데, 유대인의 이 같은 삶의 방식을 '변증법적인 삶'이라고 한 것 같다고 생각해 냈다. 맞는 말이다. 고칠이는 정확한 설명을 했다. 변증법은 '모순을 발견하여 지적하고 발전한다'는 의미를 갖고 있다.

사회발전의 의미는 무엇일까요? 이를 알기 위해서는 발전이란 뜻도 알아야 하겠지만, 위에서 설명한 변증법이란 말도 알아야 할 거예요. 변증법적인 발전은 모순을 발견하여 지적하여 더 낫고 좋은 상태나 더 높은 단계로 나아간다는 거겠죠.

현대인들은 아마도 사회구성원들 개개인의 행복이 극대화되고 삶의 질이 높아지는 것을 사회발전의 개념이라고 볼 것 같아요.

· 삶의 질 : 개인이 느끼는 만족과 행복의 상태.
· 삶의 질 향상요건 : 지속가능한 발전, 균등한 기회 보장, 국민 최저생활 보장, 사회복지제도 확충, 사회구성원 자발적 참여 분위기 정착 등.

그럼에도 고칠이는 지금 자신의 처지를 본능적으로 잘 안다. 자신이 뒷걸음치고 있다는 것은 누구보다도 잘 안다. 이럴 때일수록 앞으로 나아갈 수 있는 방법을 모색해야겠지만, 고칠이는 뜻대로 안 되는 것을 견딜 수 있는 것도 자신을 지킬 수 있는 방법이 될 거라는 생각에 안도감이 들었다.

이런 생각만 든다. 다른 것 생각하지 않고 마음만 편하다면 그만큼 행복한 것은 없다. 고칠이는 '작은 성공이라도 어떻게 이뤄낼까.'의 고민은 뒤로 미루고 싶은 거다. 너무 쉬워서 죄책감이 밀려올 법하지만, 고칠이게도 아무 생각없이 1년이라도 쉴 권리가 있는 게 아닌가. 대학교수들은 안식년이라해서 1년씩 해외여행도 하는데 말이다.

1년 2년…. 아무 생각없이 마음 편히 쉬어도 용서받을 수 있을 거다. 돈벌 생산수단이 없어 고민하는 이들은 마음만이라도 편하고 싶은 거니깐. 고칠이로서는 억지로 일하도록 스스로 아니 남들로부터도 강요받는다면, 자신의 인생이 더 비참해질 거라고 판단한 듯 싶다.

부자와 가난한 자. 이들의 차이는 노력에 의해 구별되는 건 아닐거다. 노력에 의해서 조금은 좁혀지겠지만, 그렇게 큰 차이가 나는 것을 노력으로는 극복하기 어려울 듯 싶었다. 타고난 머리, 그리고 재산, 이런 걸 후천적인 노력으로 극복한다는 생각자체가 오류와 모순의 뒤범벅인 거였다.

재벌 딸이나 아들과 결혼해서 횡재를 얻는다면 모를까. 이런 것도 머리 나쁜 사람들은 자존심이 강해서 하라고 떠 밀어도 못한다는데.

그래, 일자리와 돈이 별로 없어도 고칠이에겐 견딜 수 있는 무사적인 내공이 있잖니. 마음만이라도 편했으면 소원이 없겠다. 고칠이로 인해 별탈없던 가족이 힘들어 하겠지만 말이다. "조금만 참아줘요. 저도 어쩔 수 없네요. 타고난 나의 능력과 성격이 왜 이리 돈과 거리가 먼지."

사회계층 현상에 대한 관점 중에 **기능론적 관점**이 있어요. 사회계층 현상이 발생하는 원인은 개인의 능력에 차이가 있기 때문이라는 거예요.

능력이 있으면 정신적인 노동자인 의사나 판검사를 하는 거고, 그렇지 않으면 육체적인 노동자인 환경미화원 등을 한다는 겁니다. 이 같은 관점은 일에도 중요도의 차이가 있어 사회 유지를 위해 불가피한 현상이고, 개인의 기여도에 따라 합리적인 보상을 줘야한다는 생각에서 나온 거예요.

그러나 또 다른 관점인 **갈등론적 관점**이 있어요. 사회계층은 개인의 능력과 자질에 따라 나뉘는 것처럼 보이지만, 사실은 지배집단이 기득권을 유지하기 위해 만들어낸 것에 불과하다는 거죠.

남보다 먼저 기득권을 차지하고 미국유학 등 높은 수준의 교육을 받은 지배계층이 자신들에게 유리한 방향으로 사회적 자원에 가치를 부여한 거죠.

지배계층은 교육수준이 높을수록 좋은 직업을 얻게 된다는 이상한 논리를 퍼뜨린 겁니다. 일반적으로 '정신노동이 육체노동보다 높은 보수를 받아야 한다.'는 것에 대한 합리적 근거는 전혀 없어요. 순전히 지배계층의 의도에 따라 결정된 겁니다.

지배계층이 만든 기존의 지배질서에 반드시 따를 필요는 없는 겁니다.
우리나라 법률제도도 대기업을 위해서 만들어진 게 참 많습니다.

그런데 과연 대기업 고위층 자녀들이 정말로 똑똑하고 능력도 있고 노력도 많이 하나요? 의문을 제기하고 싶네요.

점보러
가야지

사회계층구조
노블리스 오블리제

■ □ ■ □

　　　　　고칠이는 그래도 열심히 뭐든지 일할 걸 찾아다녔다. 마치 배고픈 하이에나가 맹수의 사냥감을 도둑질 하듯 말이다. 장남으로 태어난 그는 어깨가 항상 무거웠다. 부모님도 나이가 많이 드셨고, 그렇다고 해서 고칠이는 자신이 뾰족하게 뭔가를 해놓은 것도 없어서이다. 그런데 뭔 일을 해도 일이 잘 안 풀렸다.

　어느 날은 혼자 집에 우두커니 있기도 하고, 친구들을 만나기도 했는데, 답도 없고 여러 고민만 쌓여 갔다. 주머니에 언뜻 잡힌 돈이 2만원. 에라 모르겠다. 바람이나 쐬어 보자. 고칠이는 지하상가도 가보고, 공원도 올라가 보고. 이게 일상생활이 된 듯 했다.

고칠이 집 인근지역 자유공원에서 내려다 보니 검푸른 듯한 바닷가가 보였다. 집들이 옹기종기 모여있는 저편으로 황혼과 배도 한 눈에 들어왔다. 그리고 조그맣고 검게 보이는 사람들도 있었다. 저 사람들은 어떻게 살아가는 것일까. 고칠이는 막연히 또 회의감이 몰려 오듯이 이런 생각이 들었다. '내 자신은 이렇게 살기가 힘든데, 운명일까. 아니면 노력의 부족일까. 노력하면 다 되는건지.'

예전에 주변 친구들을 보더라도 조금 공부했는데도 학교공부가 상위권이었고, 대학도 잘 가고 그랬는데, 아마도 타고난 운명일 거야. 아마도 신이 있다면 신이 미리 정해놓은 거겠지. 근데 신은 어디있는 거야. 에고 복잡하다.

사회계층구조에는 사회 이동가능성과 조건에 따라 폐쇄적 계층구조와 개방적 계층구조가 있어요. 폐쇄적 계층구조는 계층간의 사회 이동가능성이 차단되어 있는 것을 말할 겁니다.

폐쇄적 계층구조는 태어날 때부터 타고난 지위에 의해 계층이 정해진다는 말일 거예요. 한 번 정해진 계층구조는 바뀌지 않는다는 겁니다.
이런 구조에서는 고칠이 말대로 사람의 삶은 운명에 따라 결정난다고 보죠. 고대 노예제도, 중세의 봉건제도, 조선시대 신분제도 등이 대표적 사례일 겁니다.

개방적 계층구조는 성취지위를 기준으로 삼습니다. 태어날 때 어떤 계층에 속하냐는 중요하지 않아요. 신분제가 폐지된 이후 현대사회는 개방적 계층구조 형태를 갖고 있다고 하네요.

그러나 현실에서는 그렇지 않은 부분도 많답니다. 자본주의 사회이다 보니, 교육이나 직업들이 돈으로 해결되는 경우도 많고, 결혼도 문화가 유사하거나 경제적 수준이 비슷한 처지에 있는 사람들끼리 이뤄지는 경우가 많죠. 아니면 이를 극복해서 상향 이동하기 위해서는 엄청난 노력이 필요할 듯합니다.

또한 계층구성원 비율로 피라미드형 구조와 다이아몬드형 구조가 있어요.
피라미드형 계층구조는 상류층이 극소수이고, 밑으로 내려갈수록 하류층이 많아요. 다이아몬드형 계층구조는 상류층과 하류층의 비율이 적고 중간층의 비율이 높습니다.

이러다보니 피라미드형 계층구조는 극소수의 상류층이 사회전체 자원을 독식할 수 있을 겁니다. 따라서 계층간의 갈등이 심화되겠죠. 다이아몬드형 계층구조는 중간층이 상류층과 하류층사이에서 완충역할을 하여 계층간의 극단적인 대립은 막아주는 편이에요.

에라 점이나 보러가자. 이리저리 돌다 가본 곳. 사주팔자 잘 본다는 사주카페에 들어가 봤다. 젊은 청년이 보고 있었다. 예전 같으면 수염도 긴 할아버지나 신기가 있어 보이는 할머니, 아주머니가 있을 법한데 세상이 많이 변했나 보다.

고칠이는 태어난 생년월일시를 말하고 우두커니 앉아서 보는데, 청년도사는 컴퓨터에서 데이터도 뽑고. 완전히 점집에 온 것 같지는 않고, 무슨 학교나 기업체 상담소에 온 느낌이었다.

청년도사가 하는 말, "예전에 교육직에서 일했나 보군요." 엄청 정확한 말이었다. 고칠이는 순간적으로 놀라 모든 근육이 마비되었다. 그리고 이어지는 말. 청년도사는 "지금 어려운 일이 있을 거예요. 올해 토정비결로 보면 감옥처럼 갇힐 형국이라고 하네요. 그리고 전체적으로 사주를 보면 중년 때 일자리가 불안정 해서 돈이 흩어질 수 있어 고심이 많을 거예요."라고 한다.

말년에는 그래도 경제적인 운이 따라서 밥은 안 굶을 것 같다는 등등의 말이 나온다. 그러다가 청년도사가 '편재' 등을 운운해서 고칠이는 말을 애써 끊었다. "도사님 저 그런 어려운 말은 몰라요, 쉽게 설명해줘요."라고 말했다. 청년도사는 "알겠어요, 약간의 횡재수도 있으니깐 매사 소극적으로 불평하지 마시고 기다리세요." 라고 여운을 남겼다.

고칠이는 자신을 침통하게 바라봤다. "기다리라고…, 언제까지. 너무 힘든데 지금도…. " 하며 혼자 중얼거렸다.

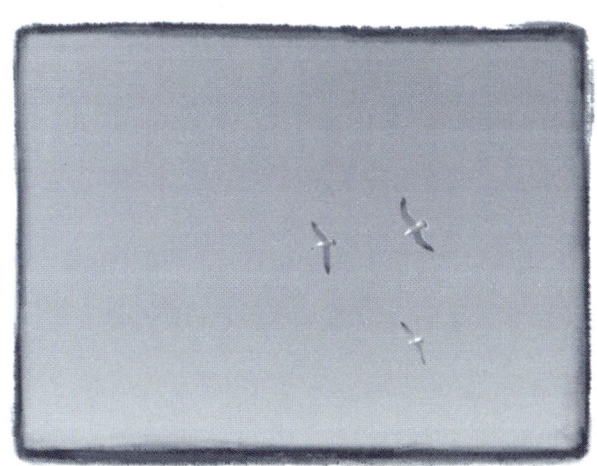

'**노블리스 오블리제**'라는 말은 강제적인 의무는 아니지만, 상류층 혹은 사회지도층이 사회의 모범이 되어야 한다는 의미입니다.

요즘 우리사회는 사회지도층들이 부정부패도 많이 저지르고, 법을 어겨도 크게 처벌받지도 않는 이상한 나라입니다. 더욱이 그들은 청년실업, 노인실업 등 실업자 문제에 있어서도, 남의 일인 양, 자신의 자리에만 연연합니다.

고칠이처럼 실업의 고통을 겪는 사람들은 이런 부분들을 아쉬워 하는 경우가 많아요. 사회지도층이 조금만 관심을 기울이고 자신의 일처럼 애써 준다면, 이들의 노력으로 법적 미비점도 보완될 듯 싶네요.

나도 책을
쓸 수 있을까

사회적 지위와 역할
사회구조의 개선방법

■□■□

　　　　　　　　　전화 하나 안 오는 고칠이에게 어둠 속에서 전화 벨이 울렸다. 가늘게 눈을 뜨고 전화 수화기를 무겁게 들어올렸다. 출판사인데, 고칠이 자신의 삶에 대한 책을 출판하고 싶다며, 원고를 써서 보내 달라는 거다. 갑작스러운 전화 벨 울림이 '짜증'이란 요소로 화학적인 변화를 일으키는 순간이었다. 얼마나 웃긴 뚱딴지 소리인가. 고칠이는 "책 쓸 능력이 있으면 왜 이렇게 사느냐."고 발길질 하듯 소리를 내지르고 싶었다.

　그런데 고칠이는 참았다. 그리고 신입사원시절 배웠던 것처럼

예의를 갖춰 차근차근 물어봤다. 고칠이 자신도 스스로 많이 컸다
는 생각이 들 정도였다.

"저를 어떻게 아시고 전화를 하셨죠?"

"누가 그러는데요, 아이큐가 낮은데도 불구하고 대학도 가고,
대기업에서도 실력을 인정받는다고 하던데요. 그 내용을 출판할
생각이 없으신가요."

"(참나 아이큐 낮은게 어디까지 소문이 난건지) 그런데요, 지금
회사 그만두고, 놀고 있는지 한참 돼서요. 요즘은 아이큐대로 살
고 있어요."

"아. 그러세요, 미안합니다."

하고 전화를 끊었다. 고칠이는 완전히 속뒤집어졌다. '이젠 성
공 미담 사례도 못 만들어내면 사회에서는 찬밥 신세인가 보네.'
라는 생각이 들 정도였다.

고칠이는 책 겉표지에 저자 약력이 멋지게 들어가야 한다는 걸
알고 있었다. 독자들을 위해서는 책에 권위도 있어야 하고 저자의

실패 경험 보다는 성공 미담을 읽어 독자들도 그렇게 살도록 하는 기능이 있을 거라는 생각이 들었다.

직함이 교육적인 권위를 말해 준다는 건 상식이다. 직함은 가장 성취하기 어렵기에 더욱 그럴 거다.

논술배경지식 ◆ 사회학습 coach
사회적 지위와 역할

개인은 **지위**와 **역할**을 통해 자신의 존재가 사회 속에서 드러납니다. 고칠이는 사회적 지위를 잃어 버려서 자아 정체성의 혼란을 일으키고 있는 거예요.

지위는 이처럼 개인이 사회내에서 차지하고 있는 자리라고 말할 수 있을 것 같아요. 지위에는 선천적으로 주어지는 귀속지위와 노력과 능력을 통해 얻어지는 성취지위가 있답니다.

역할은 간단히 말해 지위에 맞게 기대되는 행동이나 지위에 맞게 해야할 일 정도로 보면 될 것 같네요.

고칠이는 팀장시절 얼마나 남들에게 자신의 명함을 보여주고 싶었는지, 만나는 친구들이나 학부모님께 빠짐없이 다 줬다. 고칠이는 친구들이 자신을 대단하게 생각했던 그 모습들을 평생 잊고 싶지는 않았다.

그런데 지금은 그 멋진 직함이 없으니, 고칠이는 누가 그에게 뭐라고 하는 소리만 들어도 무시하는 거라는 생각이 들어 더 예민해진 것 같았다. 그 출판사도 고칠이의 권위있는 직함이 필요했을 듯 싶었다.

그런데 고칠이는 한 번 더 생각이 들었다. 갑자기 초긴장 되는 순간이었다. 만일 현재 예전처럼 잘 나가는 대기업 사원이었다면, 더 큰 일이었다. 고칠이는 글을 어떻게 쓸지 막막했던거다. 출판사 직원이 "이게 글이에요. 중학교는 나오신 거예요?"라고 호통치는 소리가 환청으로 들리는 듯 했다.

영화의 한 장면도 연상됐다. 미국 아이비리그 대학 정도 나온 한 멋진 남자가 길에서 몸 파는 여성을 사랑했다. 그런데 그 남자는 그 여성이 써서 전해 준 오자 투성이인 사랑의 편지 내용을 보고 이별을 말할 수 밖에 없었던 장면이 떠올랐다. 그 여성은 자신을 한탄하면서 이별의 아픔으로 한없이 눈물을 흘렸다. 고칠이는 자신이 무척 서글퍼졌다. 그 여성 마음으로 감정이입된 거다.

다행이다. 지금은 글을 잘 써도 의미가 없으니깐.

고칠이는 글쓰는 재주도 없고, 멋진 직함도 사라진 뒤죽박죽 된
자신의 삶이 누구도 대신해 줄 수 없다는 생각을 하니 더욱 더 답
답해졌다.

우리 사회는 위에서 말한 것처럼, 육체노동과 정신노동 가운데 정신노동의 가치를 상대적으로 높게 평가해요. 그러다보니 교과과정에서 글쓰기 말하기 등의 교육이 중시되었고, 더 나아가 체육 등의 교육 보다는 논술교육의 비중이 더 커지고 있는 실정이에요.

또한 성매매 등을 금지시키는 것은 사실 육체노동을 비하시킨 것이라고 말할 수는 없어요. 여권신장의 흐름일 수도 있다. 그럼에도 이에 따른 부작용도 많아요. 우리 사회는 광복이후 공창제도를 폐지하고, 1960년대 성매매를 불법화했지만, 처벌 수위는 낮았어요. 그러나 그 후 성매매처벌법은 처벌 강도가 높아지면서 집창촌은 줄었지만, 안타깝게도 성매매는 더욱 음성화 됐다는 점이죠.

유럽의 네덜란드와 미국의 일부지역 등은 성매매를 법적으로 인정했어요. 개인의 생존권적인 입장도 있어서일 겁니다. 그러나 우리가 이 부분에 대한 평가를 내리기 위해서는 많은 제도적, 의식적인 논의가 뒤따라야 할 듯 싶네요.

결국은 **사회구조**는 법 개정 등을 포함한 제도적 접근법과 사회구성원들의 의식 변화를 통한 의식적 접근법으로 개선 될 수 있음을 시사한다고 하겠습니다.

66

사회계층 현상에 대한 관점 중에 기능론적 관점이 있다. 능력이 있으면 정신적인 노동자인 언론인이나 판검사를 하는 것이고, 그렇지 않으면 육체적인 노동자인 환경미화원 등을 한다는 거다. 그러나 또 다른 관점인 갈등론적 관점이 있다. 사회계층은 개인의 능력과 자질에 따라 나뉘는 것처럼 보이지만, 사실은 지배집단이 기득권을 유지하기 위해 만들어낸 것에 불과하다.

남보다 먼저 기득권을 차지하고 미국유학 등 높은 수준의 교육을 받은 지배계층이 자신들에게 유리한 방향으로 사회적 자원에 가치를 부여한 것이라는 입장이다.

99

An Infant Model, Min-Young, Lee ⓒ 2006

5부

행복이라는 게 멀기가

몇 달을 쉬니
허리가 아프다

사회보험, 공공부조
사회실재론, 사회명목론

■ □ ■ □

　　　　　　　　　나이가 들수록 받아주는 곳이 거의 없었다. 그래도 교육과 사무직은 더 이상 하지 않으리라. 학부모님과 아이들을 만나고 보고서를 쓸 생각하니, 너무 힘들다 못해 끔찍했다.

　그래서 이따금 뭘 할까 생각해봐도 마땅히 할 일이 생각나지 않았다. 이리저리 머리 안쓰는 일을 해보려고 생산직도 기웃거려 봤지만, 그것도 결국 머리를 써야 하는 경우가 생겼다. 그만두고 말았다. 월급은 적었으나 마음 편할 거라고 생각했는데, 그것도 아니었다. 계속 중단이 반복되는 삶이라서 아무 생각없이 또 쉬고 싶었다.

밥먹고 피씨방 가고, 자고, 이렇게 반복했다. 주변에서는 고칠 이의 끝없는 방황때문에 한숨 쉬는 소리가 예전보다 더 커지고 연 이어졌다. 고칠이로서도 속수무책이었나 보다.

그리고도 고칠이는 몇 달을 내리 쉬었다. 수염은 한 1주일에 한 번 깎다시피 했고, 집에서는 대충 샤워만 하고 목욕탕은 거의 한 달에 한번 갔다. 이렇게 하니, 직장다닐 때 한 달에 용돈으로 거의 4-50만원 쓰던 것이 거짓말처럼 거의 5만원이면 해결됐다. 어떨 때는 그냥 이렇게 사는 것도 좋다는 생각이 뇌리를 스쳐 지나갔 다. 고칠이는 어느새인가 직장다니며 돈벌던 그 기억들을 까마득 하게 잊고 있었다.

고칠이는 잘못하다가는 국가에서 전적으로 모든 비용을 부담하는 **공공부조**를 받을 형편에 놓일 수도 있어요.

공공부조는 건강보험, 산재보험 같은 강제성 있는 사회보험과는 달라요. 보험료를 부담할 수 없는 저소득층, 즉 자력으로 생활이 거의 불가능한 국민을 대상으로 국가가 생활보호차원에서 지원해 주는 겁니다.

공공부조 사회보험 등을 사회보장제도라고 하는데, 이밖에도 직업교육제공, 장애인사회복지시설 등의 사회복지서비스가 있습니다. 그리고 우리 나라의 복지제도의 기원은 고구려의 진대법에서 찾아볼 수 있을 듯 싶네요.

'좀 노가다 일을 하면 되지 않을까.' 라는 생각도 들었다. '아니야, 산속에 들어가 도를 닦을까.' 라는 생각도 스쳐 지나갔다. 가족한테는 미안하지만 말이다. 여하간 이렇게 이리저리 생각도 하고 행동반경을 줄여 나가면서 늘어난 건 잠밖에 없었다. 내공도 늘었지만, 잠을 당해내지는 못했다.

잠은 거의 직장다닐 때 보다 2배 이상이 늘었다. 그런데 너무 누워있다 보니 허리가 아파오기 시작했다. 야 이거 쉽게 사는 것도 어렵네. 한 달에 5만원 행복이 결국 애꿎은 허리를 아프게 하고 있었다. 대체 인간은 뭐고 사회는 뭐지.

논술배경지식 ◆ 사회학습 coach
사회실재론, 사회명목론

사회실재론, 사회명목론이라는 말이 있어요. 어려운 말이에요. 그래도 하나하나 따져보죠. 사회실재론이란 말은 말 그대로 사회가 실재로 존재한다는 말이에요. 그래서 사람마다 개성이 있듯이 사회도 나름대로 특징이 있다는 말입니다. 사회도 생물 유기체처럼 주체가 되어 제도와 규칙을 이용해 개인에게 영향을 미칩니다.

사회명목론은 또한 말 그대로 사회는 이름뿐이고 개인만이 실재로 존재하여 사회는 단지 개인의 합이라는 뜻입니다. 그래서 개인의 정서와 심리상태를 중요시하여 사회현상을 설명하게 됩니다.

이에 따라 개인과 사회가 서로 영향을 받아 변화하기도 하는 거죠. 즉, 개인과 사회는 독립적으로 존재하는 게 아니고 서로 영향을 주고 받는 겁니다. 고칠이는 사회성을 상실하다 보니, 개인적인 건강 등도 상실하게 되는 것으로 봐야 할 것 같네요.

엄마!
아빠가
아프다네요

노인 문제
자살론

■□■□

어느덧 고칠이의 엄마 아빠가 칠순을 바라보신다. 노인이 되신 거다. 고칠이도 나이가 벌써 마흔이 넘어섰다. 고칠이는 마땅히 이뤄 낸 것도 없는데, 벌써 마흔이라니 믿겨지지 않았다.

아빠는 그래도 남들보다 건강만은 자신하신다. 아파 보신 적이 많지 않으셨다. 게다가 아빠는 아주 잘 나가던 철강영업맨 시절 쌓아 놓은 인맥과 지식으로 인해, 철강영업 만큼은 잔뼈가 굵으시고, 이를 통해 우리 사회와 경제 흐름을 읽으신다.

한마디로 아빠에 대한 걱정은 고칠에게는 없었다. 그런데 엄마는 자주 편도가 붓고 다리 관절이 아프시다며 병을 달고 다니셔서 고칠이는 엄마가 항상 안쓰러웠다.

고칠이는 엄마가 좀 아플때면, "엄마, 내가 많이 못 도와 드려서 미안해." 하며 엄마를 위로했다.

엄마도 고칠이가 나이가 들도록 한 가정을 못 이룬게 좀 안쓰러운지 당신 탓으로 모든 것을 다 돌리셨다. 아빠도 예전처럼 일에

대한 영업실적이 크게 좋지는 않았지만, 우리 가정 밥 굶지는 않게 할 수 있다는 자신감과 책임감으로 사신다.

그런데 항상 좋으라는 법은 없는지, 아빠가 친구분들과 약간 담배도 피우시고 약주를 드시고 오시더니, 갑자기 가슴이 쓰리다며, 가슴을 쥐어짜

셨다. 순간 무서웠다. 아빠 나이도 무시할 수 없기 때문이다. 빨리

인근 병원으로 아빠를 모시고 갔다. 간 곳이 동네 병원이어서인지

큰 병원으로 모시고 가라고만 하신다.

확대가족이 해체되고 핵가족이 일반화 되면서 **노인문제**는 수면위로 떠올랐어요. 노인은 확대가족에서는 가부장제로 인해 연륜이 많은 존재로 인식되어 왔습니다.

그러나 산업사회가 진전됨에 따라 핵가족화 되면서 노인은 노동 능력이 떨어지는 존재로 인식되기 시작했어요. 특히 의료기술의 발전 덕택에 노인의 수명은 더 늘어났어도, 노인에게는 또 다른 사회 문제인 실업의 문제가 발생됐습니다.

경제적인 문제를 떠난다 해도, 자아실현하면서 남은 삶을 보낼 직업을 얻기가 어려워진 것이죠. 우리사회는 고령화 사회로 넘어감에 따라 양로원 증설, 연금, 사회복지제도 확충이 절실하게 된 것입니다. 게다가 노인들을 위한 실버산업의 육성도 뒤따라야 하겠죠.

앞이 캄캄했다. 동생에게 전화하니 동생은 이론에만 밝아서인

지 아빠가 술 때문에 위가 부은 것 같고, 아니면 심근경색 같다고

분석만 하기 바쁘다. 고칠이는 자신도 모르게 이마를 찌푸리며,

'지금 아빠가 어떻게 될지 모르는 순간인데.' 라는 생각에 동생이

참 철없어 보였다.

큰 병원에 도착하자마자 아빠는 병원에 입원하셨고, 병명은 이론이 밝은 동생말대로 심근경색이었다. "이 병은 병원에 오기 전에 죽을 수도 있다." 라는 주치의 말에 다행이라는 생각만 들었다. 그런데 문제는 '아빠의 병이 나을 수 있냐.' 라는 생각과 치료비라는 엄청난 짐이 고칠이 어깨를 무겁게 짓눌렀다.

고칠이를 도와줄 수 있는 사람은 그나마 동생인데, 동생도 사실 힘들어 보였다. 자신의 가정과 삶을 챙기느라 어깨가 축 늘어져 보였기 때문이다. 고칠이는 한숨만 나왔다. '이러다가 사람들이 자살도 하겠구나.' 라는 생각까지 들었다.

자살론을 주장한 대표적인 사회학자로 에밀 뒤르켐이 있어요. 일반적으로 자살의 원인을 개인의 신체적 이상이나 우울증 광란증 등의 정신병으로 치부하기도 했었어요.

그런데 뒤르켐은 자살은 사회적 원인으로 설명했답니다. 그는 자살에 대한 연구 결과 사회적 유대 관계가 적고 개인주의 사회가 만연한 사회에서 자살률이 더 높다고 주장했어요.

그는 자살의 원인으로 이기적 자살, 애타적 자살 아노미적 자살로 구분했어요. 이기적 자살은 개인과 사회의 결합력이 약할 때 일어납니다.
애타적 자살은 사회적 의무감이 강할 때이며, 아노미적 자살은 사회적 정세의 변화와 도덕적 통제의 결여로 일어나요.

반면에 스토아 학파는 자신의 삶을 통해서 살기 위해서는 일체의 외계로부터 자신을 단절하라고 가르쳐요. 한마디로 자신의 독립성을 위한 자살은 정당한 것으로 봤어요.

그런데도 동생은 여유 있어 보였다. 납득이 안 가는 녀석이다. 동생은 자신이 의사인 양 말한다. 동생은 "아빠가 만성 심근경색이고, 연세도 많으셔서 수술은 피했으면 하고 약물복용으로 했으면 한다."고 진단한다. 말은 맞다. 틀린 말은 아니다. 근데 어떻게 저렇게 냉정하게 말할 수 있는지 정말 피눈물 없는 녀석 같았다.

결국 아빠는 수술은 안 하셨고, 약물복용을 하시게 되었다. 지금은 좀 몸이 나아진 것 같고 위기는 좀 모면 하신 듯 했다. 아빠가 이렇게 십 년 이상 별탈 없이 사셨으면…. 고칠이는 지금 이렇게 되뇌이고만 있을 수 밖에 없었다.

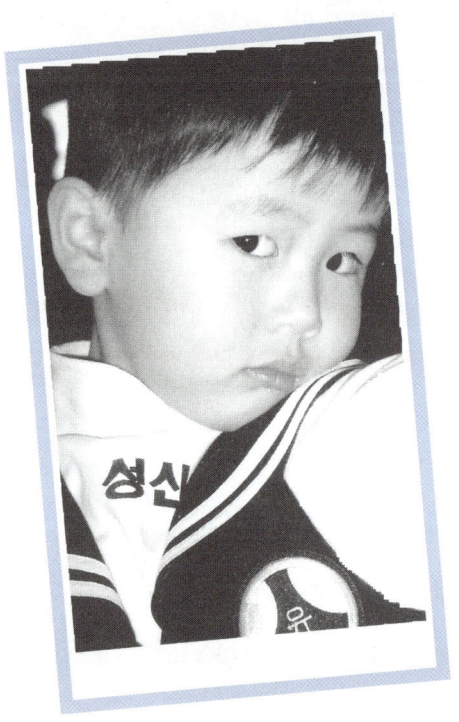

오늘도 노가다로
온 몸이 욱씬거리지만

거시적 관점, 미시적 관점
관료제

■□■□

    뭘 할까. 아니 뭐해 먹고 살까. 고칠이는 펜 굴리며 사는 건 완전히 머리에서 지어진 지 오래였다. 그렇다고 장사하자니 용기도 없었다. 택시 기사로 일하고 있는 친구는 택시운전은 절대 하지 말라고 하기만 한다. "근데 너는 왜 하니?" 라고 되묻고만 싶었다.

    출판 영업해 볼까. 아니야, 또 사무나 계약 같은 것 처리하다 보면 정말 머리 아플 거다. 고칠이는 속말로 말한다. "왜 나는 뭐든지 자신이 없는거지. 그래 노가다나 하자. 머리쓰기 싫고 사람 만나 많은 얘기를 하지도 않으니 몸은 힘들고 괴로워도 마음만은 편할 거야.”

노가다는 소위 노동일이다. 잡역이라고나 할까. 원래 노동은 대학때 언뜻 들은 얘기인데, 철학적으로나 사회학적으로 노동은 신성한 것이라고 다들 배운다. 막상 대학 졸업하고 사회 나오면, 노동일은 막말로 돈없고 빽없는 사람이 하더라. 그래서인지 고칠이는 마음속 깊이 이 일은 하지 말아야지 하고 피해 왔었다.

사회 문화현상을 바라보는 관점은 크게 **거시적 관점**과 **미시적 관점**이 있습니다.

거시적 관점은 기능론과 갈등론이 있습니다. 미시적 관점에는 상징적 상호작용이 있고요. 보수적인 의미를 지닌 기능론(막스 베버)은 사회의 안정, 진보적인 의미의 갈등론(칼 마르크스)은 사회변동을 중요시하는 상반된 관점을 갖습니다. 그리고 상징적 상호작용은 개인에 초점을 맞춰, 사회문제를 개인의 심리와 의식으로 접근합니다.

이에 따라 거시적인 관점은 제도개혁의 입장에서 접근하려 하고, 미시적 관점은 의식적인 개선의 입장에서 출발합니다.

그런데 이젠 고칠이는 자신이 권력도 없고 명예도 없고, 돈도 많은 것도 아니어서 소위 노가다를 하는 건가 스스로 마음속 깊이 물어보면, 그건 아닌 것 같았다. 이 일이 자신에게 맞는 일이 아닌가 싶어졌기 때문이다. 게다가 이 노가다는 나이 40세 넘으면 정말 하기 힘들다. 고칠이는 그럼에도 다른 일이 손에도 안 잡히고 머리도 안 받쳐준다고 하니, 이를 어쩌겠냐.

교육관리 정도 했다고만 생각했던 고칠이의 입에서 또 다른 말들이 흘러나왔다. 고칠이는 노가다만큼은 피하려고 안 해본 일이

거의 없을 정도였다. 마치 자신의 한 평생 살 연인을 찾듯, 영화방
송 엑스트라, 보험영업 등의 일로 부산 해운대, 목포, 대전, 춘천
전국 구석구석을 헤맸다. 그러나 이 일들이 고칠이의 진정한 연인
이 아니었던 거다.

고칠이에게는 운명처럼 힘겨운 선택이 기다리고 있었다. 고칠
이는 노가다 일에 박사급으로 있는 친구가 있다. 그 친구는 노가
다 일만큼은 자기가 완전 꽉 잡고 있다고 자신있게 말할 정도다.
일거리도 물어다 줄 수 있다고 까지 하니 지금으로써는 그 친구가
고칠이에게는 삶의 금동아줄인 셈이다.

그 친구로부터 연락이 왔다, 고칠이는 일하게 돼서, 아니 몇 푼
이라도 벌게 되는 구나 안도감에 기분이 무척 좋았다. 회사갈 때
넥타이를 목에 동여매는 정장이 왠지 낯설게만 느껴지고 불편했
는데, 고칠이로서는 티셔츠에 느슨한 작업복 바지가 완성맞춤인
것 같았다.

연안부두에서 물건을 내리는 하역일이었다. 일을 끝마치고 5만

원 받았다. 너무 쉬워 보였다. 머리도 안 쓰고 마음도 편하니 그냥 이 일로 당분간 가자.

그러나 갈수록 솔직히 따분했다. 그리고 몸은 아파왔다. 이리저리 몸이 욱씬거렸다. "일하라."고 일명 노가다 브로커인 아줌마한테 연락이 왔는데, 간다고 하면서 고칠이 몸은 자신도 모르게 병원으로 향했다.

의사 왈, "이젠 몸 생각하셔야죠, 보니 나이가 40세이상인 듯한데, 몸쓰는 일은 줄이세요, 더 나이 들면 몸이 망가져요. 노동일 많이 안 해보신 것 같은데…."

고칠이는 병원에서 주는 약 먹고 집에 우두커니 앉아 있었다. 휴대폰에 불났다. 노가다 브로커 아줌마가 음성까지 남겼다.
"지금 빨리 튕겨오지 않으면, 다음부터 일 안 주겠다."는 협박까지 서슴치 않으셨다.

에라 모르겠다. 잠이나 자자.

내일 무시무시한 노가다 아줌마를 볼 낯은 없지만

그래도 고칠이 마음은 편했다.

논술배경지식 ◆ 사회학습 coach

관료제

대규모 조직을 효율적으로 관리하기 위해서는 관료제가 반드시 필요하다고 하네요. 조직내의 일들을 전문화시킨 관료제는 대체로 피라미드형인데, 고칠이의 상관인 노가다 아줌마의 협박같은 엄격한 위계질서를 갖고 있으며, 규칙과 절차에 따라 일이 진행됩니다.

그러나 **관료제**에도 문제는 있습니다. 이것을 흔히 역기능이라고 합니다.
관료제의 역기능은 개인의 창의력과 개성이 소멸됩니다. 또한 인간소외현상도 나타나며, 형식적인 업무로 인해 궁극적인 목표도 사라지거나, 간과되기도 하죠.

심하게는 우울증도 호소하기도 해요. 이로 인해 사회적으로도 창의력있는 인재가 낭비될수 있습니다. 그렇다고 인간적인 요소 등이 개입되면, 업무의 비효율적인 측면도 있을 수있다고 하네요. 조직내의 왜곡된 연고주의 등이 한 사례일 듯 합니다.

삶의
구경꾼

일탈행위론
전문분야의 평론가

■□■□

　　　　　　　고칠이는 요즘 '즐기면서 일하는
사람들을 동경한다' 는 말이 실감난다고 한다. 예전에는 배부른(?)
사람들만이 누릴 수 있는 거라는 생각을 했었다. 고칠이는 지금
일을 즐기지 않고는 하루도 못버티는 자신의 모습을 발견하고서
는 깜짝 놀랬다는 거다.

　　'성공을 위해, 아니 돈을 위해 대기업에 취업하고 자신과 거리
가 먼 일을 하면서 남의 이목 때문에 자신을 너무 혹사시킨 게 아

닌가.' 라는 생각이 들곤 한다는 것.

　고칠이는 심지어 '요즘 노가다 하는 걸 조금 더 전문화시켜서 본격적으로 나설까.' 라는 생각도 하는 것 같았다. 머리를 써서 일하는 것을 참다운 성공이라고 보는 이들이 대다수이다. 고칠이는 "이렇게만 보면, 한 틀로 사람들을 평가하는 듯해 인간의 본질을 너무 많이 축소시킨 느낌이 든다."고 철학적인 말을 남긴다.

　머리를 써서 일하는 것을 좋아한다면, 그 길로 뒤도 돌아보지 말고 가라.

　그러나 머리가 아닌 몸을 움직여 일하는 걸  좋아하는 사람에게 낙인을 찍거나 태클만은 걸지 않길 바랄 뿐이다. 고칠이의 말이다.

'대학 전공을 선택할 때, 철학은 돈이 안 되고 경영학이 전망있
다느니.'라는 말들을 격언처럼 귀에 못박히게 많이 하고 자주 듣
는다. 현실은 어떤가. 전공을 살릴 수 있는 산업적인 터전도 되어
있지 않은데, 이는 비현실적인 공허한 메아리가 아닌가. 그리고
현실에 창조적으로 잘 적용만 시킨다면, 기술적인 학문보다 이론
적인 철학 같은 학문들이 더 필요하지 않던가.

논술배경지식 ◆ 사회학습 coach
일탈행위론

일탈행위론은 사회규범에서 벗어난 행위 혹은 상황을 의미해요. 일탈행위론에는 아노미이
론, 차별적 교제이론, 낙인이론 등이 있어요.

아노미이론은 무규범상태를 의미하는데, 사회학자 뒤르켐이 주장한 말로, 사회의 변동이 급
격하게 일어남에 따라 전통적인 규범이 붕괴하여 무규범상태가 발생하고, 이로 인해 개인
의 자아정체성과 도덕적 가치판단이 흔들리게 되어 일탈행위가 일어난다는 거예요.

차별적 교제이론은 개인이 일탈행위를 하는 집단들과 어울려서 그 집단의 행동과 규범을
자연스럽게 습득하여 일탈행위를 하게 된다는 거죠.

낙인이론은 사회규칙에 따라 행동하지 않은 사람들을 일탈자로 '도장을 불에 달구어 찍어
버린다.'는 겁니다. 한번 사회에서 일탈자로 찍혀 보십시오. 그건 학창시절 선생님, 부모님
께 찍힘 당하는 것 보다 훨씬 가혹한 거예요. 사회생활에서 한번 왕따는 영원히 왕따이거든
요. 고칠이도 사회에서 왕따당할까봐 걱정했던 거죠.

미래의 세상은 누구도 예상하기 어려울 정도로 변해가고 있다. 예전에는 군인이 전망있다고 해서 사관학교에 지망생이 많았으나, 요즘은 로봇 군인 병사까지 나타나고 있는 실정이어서 로봇이 군인의 일자리도 위협하고 있지 않은가.

고칠이는 요즘 각 전문분야의 평론가들이 뜨고 있다고 진단한다. 여러 분야에서 세상을 잘 해석해 주고 미래를 잘 가늠해 줄 사람이 더 많이 필요하기 때문일 거라는 게 고칠이의 고견이다. 한마디로 생산에 간접적으로 참여하는 삶의 구경꾼들이라고나 할까. 오로지 이들은 머리로만 사는 사람같은 강한 이미지를 풍긴다.

하지만 고칠이가 모르는 게 있다. 몸으로만 일하는 그들도 충분히 평론가가 될 수 있다는 거다. 그들은 하도 마음에 맺힌 게 많아서 어디에도 적응하기 힘들어 제 3자 위치에서 말을 하지 않고는 못견디니깐.

현대사회는 급속도로 변해 가고 있어요. 과학기술발달로 정보전달 및 공유가 빨라졌고, 세계적으로 상호의존성도 증가됐어요. 영화같은 문화의 콘텐츠도 상업화 사업화 되고 있어 더욱 더 그렇죠.

따라서 사회가 내일조차도 어떻게 변할지 알 수가 없어, 이를 해석하고 분석할 수 있는 각 전문분야의 평론가가 요구되고 있는 겁니다.

전문 평론가는 사회현상과 본질을 글로 표현할 수도 있고, 말로 표현할 수 있다는 점에서 이성적인 기교보다는 경험과 연륜이 최고의 가치로 여겨질 듯 싶어요.

세상사는 바램_
이유없는 열등감

불평등한 경쟁속에 성공
우리의 정치문화

■□■□

　　　　　　　　"상하태평 신안심화(上下泰平 身安心和)"라는 말이 있다. 이 말은 상하가 태평하니 몸이 편안하고 마음이 화(서로 뜻이 맞아 좋은 상태)하다는 의미이다.

　　고칠이는 누구랑 경쟁해서 일등이 된다거나 유명해지고 싶은 마음은 사라진지 오래다. 지금은 그것에 대한 의미조차 못느낀다. 체념할 수 있다고나 할까. 별탈없이 몸이 즐겁고 마음만이라도 편안하다면, 이 세상에 모든 행복을 다 가진 것과 마찬가지다.

성공이라는 주제가 많은 사람들 입에 많이 오르락 내리락 하고 있다. 성공이 뭔지 정의도 저마다 다르겠지만, '돈'을 빼고는 설명하기 어려울 듯 싶다. 우리 자본주의 사회는 특히 '돈과 성공'은 정비례 관계에 있다고 해도 과언은 아니다. 그래서인지 '성공을 하기 위해서'라는 말과 '돈을 많이 벌기 위해서'라는 말은 거의 동의어로 쓰여지곤 한다.

논술배경지식 ◆ 사회학습 coach
불평등한 경쟁속에 성공

부모님이나 자신의 경제적 수준이 높을수록 사법고시, 대학입학시험 등의 시험에서 높은 점수가 나오고 있고 합격률이 높다라는 통계조사가 나오고 있어요. 심지어 대학교수들의 집안환경도 가난한 경우는 드문 편이고, 교수나 교사가 되기 위해 학교발전기금식으로 돈 등을 기부하는 경우도 있다네요.

개인의 능력이나 노력만으로는 안 되는 세상이 온 거죠. 그럼에도 언론은 집안환경이 가난한 누구 하나가 뭐라도 됐다고 하면, 난리법석이죠. 그건 너무 적은 수가 아니겠어요. 언론이 하나의 환상을 창조하는 격입니다.

한마디로 개인의 능력이나 노력이 아닌 집안배경으로 인한 계층고착화 현상이 뚜렷해지고 있는 겁니다.

『마시멜로 이야기』의 조나단 사장님은 가난한 집안에서 부자가 될 수 있고, 작은 만족보다는 큰 만족을 위해 현재를 참고 견디라고 하죠. 우리 사회도 개인의 능력과 노력으로 개천에서 용난 적이 있긴 해요. 그러나 지금은 조나단 사장님의 말씀은 서글프게도 너무 어려운 말이 되고 있네요.

학교 선생님들은 박식하라고 강조한다. 고칠이도 교사시절 자신도 모르게 '학생들에게 지식을 습득하는 데 게으르지 말라.'고 말하곤 한 것과 별반 다르지 않다. 사실 인터넷에 보면 거의 모든 지식들이 즐비하게 정리돼 있는데 말이다.

사실 미래사회에는 머릿속에 이 많은 지식을 넣을 이유는 사라지고 있는 격이다.

그러나 어쩌랴. 돈을 벌기 위해서는 물건을 사라고 임기응변격으로 상대방을 설득해야 하는데, 그때 머릿속에 지식이 어느 정도는 있어야 하지 않겠느냐. 결국은 박식하라는 말은 돈을 벌기 위한 수단일 수 있다.

또한 적을 만들지 말라는 말을 한다. 적을 만들지 않기 위해서는 많이 참아야 하며, 특히 친구, 고객이나 회사 상관에게 친절하게 대하거나, 불만을 드러내지 말아야 한다.

친구와 고객들에게는 어쩔 수 없을 거다. 그러나 회사상관에게 잘 대한다는 말은 원활한 업무수행을 위해 필요하겠지만서도, 권력과 자본논리에 더 종속된다는 의미도 된다. 사회에서 흔히 쓰이고 있는 격언같은 말들은 알고 보면, 성공하기 위해, 특히 돈을 잘 벌고 돈 있는 자에게 순종케 하도록 유도하는 게 거의 다다.

그러나 고칠이 뿐 아니라 많은 사람들은 자본의 논리에 순응해야 희망이 있다는 말들을 믿고 살아왔다. 하지만 그들은 끝내 사회에서 나몰라라 하며 버려지는 삶을 겪다 보니, '성공이 곧 부자'라는 등식이 맞긴 하지만 남들 얘기처럼 들렸다.

'괜히 부자들에게 놀아난 게 아닌가.' 라는 극단적인 생각도 들 정도다. 소수의 부자들의 말을 듣고 그들의 말을 믿고 따라왔지만, 부자는 절대 소수만이 되고 나머지들은 버려진다는 게 뒤늦게나마 깨달은 세상의 이치 이라고나 할까.

정치권에서 자주 쓰이는 토사구팽(兎死狗烹)이란 말이 우리의 삶 전체에서도 일어나는 것 같다. 이 말은 진리이다. 토사구팽은 교토사양구팽 [狡兎死良狗烹]의 준말이다. 교활한 토끼가 잡히고

나면 충실했던 사냥개도 쓸모가 없어져 잡아먹게 된다는 뜻으로 역사나 정치상황에서 자주 쓰이는 한자성어이다.

자본주의 사회에서도 자본의 논리로 더 이상의 이용가치가 없어진 사람을 내친다는 뜻일 거다. 쉽게 말하면 아마도 부자만 빼면, 거의 대부분이 이것을 겪게 되지 않을까 싶다. 머리가 나빠서만은 아닐 거다. 머리가 너무 좋거나 하면 더 경계의 대상이 되기도 한다. 고칠이는 거꾸로 자신의 머리가 남보다 나빠서 그나마 경계인물이 안 됐다는 거다.

고칠이는 이런 생각이 든다.

"더 큰 만족을 위해 작은 만족을 참고 견디라는 말은 허울 좋은 말일 거야."
"개인 사업을 준비해서 큰 꿈을 갖고 나아가지만, 큰 공룡기업이 마침내 그것까지도 다 차지하고 만다."

   "부자들의 말을 듣고 부자가 하라는 대로 하지만, 결국은 부자들로부터 끝내는 내쳐지고, 신세한탄만 하겠지. 그럴 바에야 큰 욕심을 버리고 물고기와 용이 물에서 목욕하듯이(魚龍浴水) 자연스레 조금의 돈이라도 벌고, 남들에게 해를 끼치지 않을 정도로 살고 싶다. 괜히 부자들이 만들어 놓은 말만 믿고, 부자들의 이익 편에 설 필요가 뭐 있겠는가. 끝에 가서는 그건 아닌데 라고 후회

하면 뭐 하겠냐는 말이다."

나름대로 산전수전 겪은 고칠이는 여러분께 이렇게 말한다.

어떻게 사는 게 행복한 지 확신은 없지만서도,

"가세요. 떠나세요. 마음이 원하는 어디든지. 남 눈치봐도 별거 없어요."

"그런데 이건 걱정이네요. 이 책을 읽고, 독자들이 너는 고칠이처럼 살지 않으려면 열심히 공부하라고."

"제가 바랬던 건, 자신이 힘들고 어렵게 사는 것은 꼭 스스로가 능력이 없거나 게을러서인 건만은 아니라는 거죠. 이유없는 열등감은 느낄 필요가 없다는 겁니다. 소수 엘리트들이 자신의 사회적 지위를 유지하기 위해 몸보다는 머리로 일하는 걸 더 높은 가치를 뒀기 때문이고, 단지 우리는 그것에 적응하려고 너무 많이 노력했고 힘들어 했다는 거예요."

"단지 너만의 잘못만은 아니라는 것, 자신감을 가지라는 말이에요. 그리고 지금부터라도 작은 행복의 신화를 쓰세요." 라고.

우리의 **정치문화**의 바탕은 고조선시대부터 내려오는 홍익인간의 이념에서 찾을 수가 있어요. 홍익인간은 널리 인간을 이롭게 한다는 말로서 다수의 사회구성원들의 행복한 삶을 기원하는 말이겠죠. 공동체 의식아래 인간의 존엄성을 중시하는 말일 겁니다.

그러나 그 정치문화가 언제부터인지 과거 조선시대처럼 집안배경이 모든 것을 좌우하고, 학연 지연 등의 연고주의와 권위주의가 정치의 기준이 되었습니다. 미래의 나아갈 이정표도 이를 바탕으로 제시될 것 같고요. 언론인도 자기모순에 빠지기도 해요. 취재하다보면, 지금의 문제들을 벗어날 이렇다 할 대안이 없다보니, 어쩔 수 없다는 입장도 생기고요.

그러다보니 제도 개선을 통해 사회불평등을 해결하려는 정치인들의 의지를 기대하고 사느니, 차라리 개인 스스로의 의식을 바꾸는 편이 낫다는 생각을 하게 되겠죠. 고칠이도 그럴 수 밖에 없었고, 스스로 자신의 삶에 대한 잣대를 찾은 겁니다.

Brief 에필로그

저자의 생각, 그리고 말

Brief 에필로그

**아이큐 77의 고칠이 이야기는 허구를 바탕으로
한 게 아닌 실화예요.**

실화속에서 펼쳐진 인생 역전 드라마도 아니고 그렇다고 해서 큰
성공의 이야기를 담고 있지도 않아요. 평범하지만 특별한 생각을
갖게 된 순박한 고칠이의 지혜를 담았다고나 할까.

큰 만족을 위해 작은 만족을 참고 견디는 것도 고역이지만, 그렇
게 한다 해도 회사가 버리고, 사회가 모르는 척 한다는 거겠죠. 고
칠이는 능력도 없고 성격도 모질지 못하지만, 나름대로 내린 생각
은 마음 편히 최선의 노력을 다할 수 있는 자신의 길로 가자는 거
였어요.

몸을 움직여 일하길 좋아하는 고칠이 같은 사람들이 아닌, 머리
쓰기 좋아하는 사람들이 우리 사회의 성공기준을 만들어 놓은 것

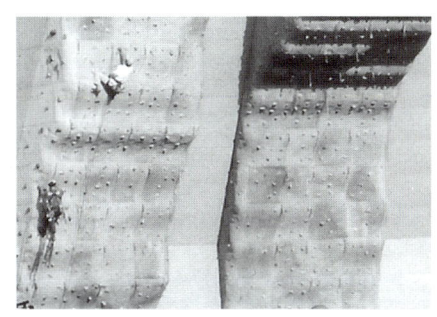

같아요. 그러니 고칠이는 누구의 눈치를 봐봤자 아무 의미가 없다
는 걸 뒤늦게 나마 알게 된거죠.

고칠이로 인해 가족이 힘들어 하겠지만서도, 자신의 모습을 그나
마 끝에 가서 가족이 이해만 해준다면, 고칠이가 그 가족을 위해
뭔들 못하겠어요.

평범하지만 특별한 고칠이 자신을 인정해 줬는데….

저자의 생각,
그리고 말

고칠이가 겪은 것처럼, 우리 자본주의 사회에서 사업을 통해 돈을 벌어 들인다는 것은 무척이나 어려운 일이다.

택시운전 기사분들이 하는 얘기를 조심스레 귀기울여 보면, 대체로 젊었을 때 사업하신 분들이 의외로 많았다. 그러나 대부분 처음에 시설 임대료 등 투자비용이 많이 들어가서 그것을 만회하려고 했지만, 자본력의 한계로 안타깝게도 실패했다는 것이다.

아직은 적은 경험과 과정속에 있는 한국언론 연구소도 이 말들을 접하게 되면, 자신감이 어느덧 사라지고, 한순간에 버겁고 부정적인 생각들로 가득차게 된다. 오랫동안 숙고한 끝에 만들어 놓은 미래의

교육지표는 어디론가 사라지고, 머릿속에는 오직 자본의 생각들로 가득차는 거다. 망하지 않기 위해서 말이다.

자본주의 사회가 만들어 놓은 인간의 욕구를 알고, 이것을 만족시키는 일을 한다면, 어느 정도는 큰 무리없이 사업체를 꾸려나갈 수 있을 것이다.

이렇게 따져볼 때, 여성의 입맛을 녹이는 떡볶이 하나라도 잘 만드는 실력을 갖춰 음식점을 운영한다면 심지어 10층 정도 되는 빌딩을 올릴 수 있다는 말도 일리 있는 셈이다.

한국언론연구소를 운영하면서, 변화할 인간심성을 고찰하기에 앞서 뒤늦게나마 우리가 처해있는 현실이 자본주의 사회라는 점과, 그속에서 적응 된 사람들의 심성과 욕구를 이해하고 분석해야만 수익을 낼 수 있다는 사실을 알게 됐다.

이 시대에는 아마도 자본의 흐름을 무시한 듯한 '닭, 혹은 알이 먼저냐.' 라는 식의 주장들은 거스를 수 없는 자본주의의 강한 물결에서는 속수무책일 수 밖에 없는 거다.

이처럼 사람들의 트렌드를 무조건 이해하고 계도만 할 수 없는 처지다 보니 지식과 교육이라는 상품을 팔려다 보면, 생존에 꼭 필요한 지식 등은 유통되지만, 그 이상의 어려운 지식과 앎은 무용하다는 느낌도 든다.

한마디로 '요즘 대학 등에서 유통되는 지식과 아카데미즘은 현실에서는 유통되지 않는 무력하고, 다소 엘리트들의 입장에서 만든 도덕성과 정의만 앞세우고 자본의 흐름을 무시한 무용한 말장난에 불과한 게 아닐까.' 라는 생각도 드니, 자본주의는 참으로 무서운 시스템임에 틀림없다.

　오랫동안 평론가 일을 하면서 연구소를 운영해온 한 선배가 이런 말을 한 게 기억난다.

　"자본주의는 금방 망하지 않는다. 그러나 우리가 유념해야 할 점은 자본주의 사회도 계속 변화해 간다는 사실이다. 따라서 과거 지식, 또는 아카데미 지식이 우리에게 얼마나 혼란스러운가 하는 것을 느끼게 한다. 대부분은 유용한 지식의 결핍이라는 점에 더 심한 갈증을 느끼게 된다."

　한국언론연구소를 운영해 오면서 느낀 것은 마르쿠제의 생각을 굳이 빌린다면, 이제는 새로운 인간의 심성이 절대적으로 요구되어야 하며, 그렇지 않으면, '돈벌이'라는 가치도 우울함 속으로 내몰아 질 수 있다는 생각이다.

긍정적이고 개혁적인 생각속에 오늘도 주변 동료들을 사랑하고 싶은데 잘 안되는 이유는 아마도 우린 육체보다는 정신노동을 강조한 소수 엘리트 중심의 현 자본주의의 복사판인 생각과 욕구를 갖고 있어서일 게다.

아이큐 77의 고칠아 힘내라! 꼭 당신의 잘못만은 아닐거다. 그래도 당신은 행복한 거다. 남의 눈치 볼 필요없이 마음만이라도 편안하면 된다는 생각, 그거 깨닫기 어려운 거다.

우리는 당신에게서 많은 걸 배웠다.

고맙다.

CJI 한국언론연구소 소장 이윤영.

■□저자 소개

이윤영(李允榮)

연세대 및 서강대 언론대학원 졸업(언론학 전공)

협성대 경영대학 광고홍보영상학부 강사

연세대 특강, 21세기한국연구소 연구위원

내일신문 수습기자

한국경제신문 자매지 정경팀장 · 정책전문기자

CJI 한국언론연구소 소장(현)

논문 및 저작 :

언론논술신서① **언론의 기초**

韓國전자신문의 여론형성역할 연구 등 다수

CJI 한국언론연구소는 2004년 10월에 설립하여 언론체계연구를 주요 목표로 하며, 교육지표와 현 사회의 대안을 제시하는 단행본, 정기간행물 발간과 동시에 "미래지향적인 학교설립을 추구하는 연구기관" 입니다.

언론논술신서 2
아이큐 77의 작은 행복

2006년 11월 발행
2006년 11월 1쇄
지은이 이윤영
펴낸이 이윤영
펴낸곳 CJI 한국언론연구소
디자인 문자현

주소 400-102 인천광역시 중구 신흥2가 37-19
전화 032-762-9983, FAX : 032-762-9983
등록일자 2005년 9월5일
등록 제 349-2005-7 호
ⓒ CJI 한국언론연구소, 2005
▌독자의 의견을 기다립니다.
www.cjinstitue.org
webmaster@cjinstitue.org

ISBN 89-957886
정가 9,000원